了不起的中国历史人物

江来/编著
舒春 刘向伟/绘

写给孩子的
智慧先哲

CHISO
新疆青少年出版社

图书在版编目（CIP）数据

写给孩子的智慧先哲 / 江来编著；舒春，刘向伟绘 . -- 乌鲁木齐：新疆青少年出版社，2023.11

（了不起的中国历史人物）

ISBN 978-7-5590-9945-7

Ⅰ. ①写… Ⅱ. ①江… ②舒… ③刘… Ⅲ. ①哲学家 - 生平事迹 - 中国 - 古代 - 青少年读物 Ⅳ. ① K825.1-49

中国国家版本馆 CIP 数据核字 (2023) 第 199894 号

了不起的中国历史人物

写给孩子的智慧先哲
Xiegei Haizi De Zhihuixianzhe

江来 / 编著　舒春　刘向伟 / 绘

出版人：	徐　江		
策　划：	许国萍　张红宇	责任编辑：张红宇　尚志慧	助理编辑：胡伟伟
装帧设计：	舒　春	美术编辑：邓志平	
法律顾问：	王冠华　18699089007		

出版发行：新疆青少年出版社有限公司
地　　址：乌鲁木齐市北京北路 29 号（邮编：830012）
网　　址：http://www.qingshao.net
经　　销：全国新华书店
印　　制：天津博海升印刷有限公司
开　　本：710mm×1000mm 1/16
印　　张：10.75
版　　次：2023 年 11 月第 1 版
印　　次：2023 年 11 月第 1 次印刷
印　　数：1-5 000 册
字　　数：90 千字
书　　号：ISBN 978-7-5590-9945-7
定　　价：38.00 元

制售盗版必究　举报查实奖励：0991-6239216　　版权保护办公室举报电话：0991-6239216
服务电话：010-58235012　010-84853493　　　　如有印刷装订质量问题 印刷厂负责调换

了不起的中国历史人物
智慧先哲

序

目录

【春秋】老子 002

【春秋】孔子 018

【战国】孟子 036

【战国】庄子 052

【战国】韩非子 070

【西汉】董仲舒 084

【南北朝】范缜 098

【南宋】朱熹 114

【明朝】王守仁 128

【明末清初】黄宗羲 148

序

(马勇，中国社会科学院近代史研究所研究员)

早些天，张弘先生发来这套书稿，嘱我为之撰写序言。

这套"了不起的中国历史人物"丛书是新疆青少年出版社承担的"十四五国家重点出版物"出版项目。据出版者介绍，全套书共八册，以故事的方式介绍了在中华民族历史长河中曾作出杰出贡献的几十位历史人物，他们涉及文史哲、政经法，以及科学、艺术等诸多领域，读者对象为广大的少年儿童。翻阅书稿，自己竟然沉浸其中。流畅的文字、严谨的结构、清晰的叙事及可信的史料，构成了这套书的基本面貌和上乘品质，多幅生动的插画进一步提升了阅读感受，相信会受到少儿读者的欢迎。

如何向少年儿童讲述中国历史，一直是摆在历史学家面前的难题。过去几十年，学术界做过不少探索，成绩固然可喜，但其中的不足与教训也值得反思：

一是写作者低估阅读者的知识水平和鉴赏力，具体体现为作品立意与格调不高、文字表述不够严谨、过于口语化和网络语言化、内容缺乏史料支撑且野史当道。这种看似迎合读者的做法，其实是对读者的不尊与伤害。多年来，我不懈地建议那些立志向青少年普及中国历史知识的作者们，一定要用平等的视角尊重对待青少年读者，一定要相信新一代读者的知识储备与阅读能力，一定要在作品上下足功夫，因为我很清楚，少儿知识读物的创作，其难度大于成人读物，优秀的儿童知识读物作家，一定是能够把专业知识吃透，并能够用通俗易懂的方式进行讲解的学术大家，例如吴晗、林汉达等。所以，少儿知识读物的创作者需始终保持敬畏的心态，去了解你的读者、尊重你的读者，全心全意为他们服务，只有这样，你的作品才能赢得小读者的青睐。

二是讲述与呈现的方式方法有待提高。中国历史知识的大众化、普遍化，并不是我们这几十年才有的课题，甚至可以说是中国历史学的永恒主题。司马迁的《史记》就不必说了。宋元以来，伴随经济和城市的发展，大众化的历史读物深刻影响了中国人的历史观，这些读本流传至今，依然经久不衰。例如三国故事、隋唐故事，以及不胜枚举的话本、唱词和历史小说。这些作品潜移默化地让读者在不经意中记住了历史，记住了典故，丰富了历史知识，建构了自己的历史观，这些经验都值得新一代历史书写者去揣摩、消化、发展与创新。

"了不起的中国历史人物"的写作者正是汲取了以往此类图书创作的经验和教训，并基于自己的学识背景，结合对中国历史人物最新的史料研究成果，采用了较易贴合少儿读者接受能力和阅读兴趣的形式，把中国历史上的这些了不起的人物用深入浅出的方式一一道来。我以为这种方式和方法是正确的，值得深入研究并予以推广。

　　此外，我颇为赞同的是这套书的系列名——"了不起的中国历史人物"，它直白地宣示了我们对中国历史的尊重。尊重先人的贡献，就是尊重我们自己的历史。中国历史学强调为尊者讳，就是告诉后人，要充满温情与敬意去看待自己祖先的功绩。只有记住了那些"了不起"，才会增进我们的民族自豪感，激活内心的创造动能。历史是一个接力过程，也是一代又一代人接续奋斗的历程。重温中国历史上那些"了不起"的人物，必会增添后人追慕祖先、继续奋斗的勇气与力量。

　　与亲爱的读者共勉，是为序。

历史是一门常说常新的学问,历史研究是主观性极强的一门学问,除了史料,研究者的经验、阅历、知识、视野,都在制约或影响历史的复原。

姓名 / 李耳

史称 / 老子、老聃（dān）

朝代（时期）/ 春秋

出生时间 / 约公元前571年

逝世时间 / 约公元前471年

主要成就 / 创立道家学派

代表作品 /《老子》（又称《道德经》）

老子是伟大的思想家、哲学家，他研究宇宙万物的变化，探索自然界的规律，创立了道家学派，主张无为而治。他的著作《道德经》闪耀着朴素辩证法思想的光彩，对中国数千年的历史文化有着十分重要的影响。

生于春秋末期，天生福相，好学乐思。

早年师从商容，后只身前往国都求学。

入职周朝守藏室，刻苦研学五十载，名扬天下。

为孔子指点迷津，使其领悟大道。

西至函谷关，作《道德经》后，再无音讯。

了不起的中国历史人物

勤奋好学的少年

老子生于春秋末期,是楚国苦县(今河南鹿邑)人。有学者认为,老子出生于公元前571年,与他出生时间比较接近的外国智慧先哲有古希腊哲学家、数学家毕达格拉斯和古印度佛教创始人释迦牟尼。

有关老子的生平,文字记载很少,但后世有许多关于他的动人传说。

老子的祖辈是贵族,他的母亲为理氏。有一天,她在河边洗衣服,见到河面上飘来一个黄澄澄的李子,就把它捞起来吃掉了。不久,她就怀孕了,并生下一个男孩。这个孩子一生下来头发、眉毛就都是白色的,但是他神采奕奕,前额宽大,方口厚唇,耳朵长得特别大,耳垂长长的,

智慧先哲

好像要垂到肩膀上。于是，母亲为他取名为"李耳"，又叫"聃"，人们都叫他"老聃"。

老聃自幼聪明好学，喜欢独自沉思，从不像邻居家的孩子那样淘气打闹。当时有位名叫商容的老先生，他精通天文地理，学识渊博，人们对他极为敬重。于是老聃的母亲决定聘请商容做老聃的老师。

商容的第一课讲的是"天地之间人为贵，众人之中王为本"，他说："人，要敬天。"

老聃经常仰着头看天，天是什么，他一直不懂。他睁大了眼睛问老师："天是什么？"

"天，就是上面青青的、蓝蓝的。"老师笑着回答。

"青青的、蓝蓝的，是什么？"

"青青的、蓝蓝的，是天空。"老师觉得这个问题太简单了。

"天空上面，又是什么？"

"天空上面，青而又青，蓝而又蓝。"

"再上面又是什么？"

"这……"老师答不出来了，"贤人没有说过，古书没有写过。我也……"

晚上，老聃问母亲，母亲说不出来。老聃问家里人，家里人也不知道。那么，天究竟是什么？老聃仰着头，聚

了不起的中国历史人物

精会神地看着天空,一直看到深夜。

过了几天,老师讲课说:"天下,有天、地、人、物。天有天道,日月星辰,升起又落下。地有地理,有山川江海。人,有人伦,有尊贵卑贱。"

日月星辰、山川江海,老聃都能看见,可他有许多的问题想不明白,于是问老师:"日月星辰,是什么人推着它们升起、落下呢?山川江海,是什么人造出来的呢?人有尊贵卑贱,是什么人划分的规定呢?"

"这都是神的作为。"老师郑重地回答。

智慧先哲

"神,神怎么作为?"

"神能变化,能造出天地万物。"

"神为什么能够变化?又是从什么时候学会变化的?"

"这……"老师出汗了,只好说:"古人没有说过,书里没有写过,我也……"

老聃又去问母亲,问家里人,还是没有一个人能回答。

过了些天,老师讲道:"君者,代天理世者也;民者,君之所御者也。君不行天意则废,民不顺君牧则罪,此乃治国之道也。"

"君王要行天理,那么,他违背天意,是什么道理?"

"神派君王行天理,但有时候君王没有按照天意去办事。"

"神既然能够变化,能造出天地万物,为什么不造出听从天意的君王呢?"

"这……"老师答不出来。

老聃觉得这是个重要问题。他问母亲,问家里人,问村里有学问的人,问乡里的老人,谁都回答不出来。

老师讲道:"天下的事,和为贵。如果失和,动刀动枪,就会造成伤亡,祸害别人,也祸害自己。"

"这是百姓的大害,为什么君王不去制止?"

"这……"

007

了不起的中国历史人物

"为什么神不去制止？"

老师张口结舌，无法回答。

这个问题非常重要，老聃问了很多人，他们也都无法回答。

商容给老聃上了三年课，发现老聃越来越难教。尽管商容是公认的智者，但老聃提出的许多问题他都无法回答。这些问题他从来没有想过，也没听别人问起过。

商容向老聃的母亲辞行，他惭愧地说："我才疏学浅，三年来，虽然努力教学，但是能力有限。聃儿前途远大，我不能耽误他。这里地处偏远，聃儿要想深造，必须到国都去学习。国都图书如海，贤士如云，到了那里，聃儿一定能成为真正的人才。"

母亲很为难，毕竟当时的老聃只有十三岁，独自离开家去几百里之外的国都，母亲怎么能放心得下？

商容恭恭敬敬地说："我师兄在国都，是太学博士。他学识渊博，爱才敬贤。我和他说过聃儿聪明好学，他愿意给聃儿当老师，让聃儿在他家里生活、学习，这是千载难逢的好机会啊！"

母亲答应了。她谢过老师，亲自送儿子踏上了去国都求学的路。

智慧先哲

周王朝的守藏室

东周王朝的国都在洛邑（今河南洛阳），是个繁华的都市。老聃来到这里，拜见了老师。他没有四处游玩，欣赏山水，而是一心一意地学习。天文、地理、历史、典章、伦理，他无书不读，细心琢磨，遇到疑难困惑，定要弄个水落石出。三年时间很快就过去了。老师非常喜欢他，推荐他到王宫的守藏室工作。

守藏室是王宫的图书馆，保管着周王朝重要的资料，这里有五百多年来颁布的法令、祭祀天地的典籍、历代君王的诰书，还有各诸侯国的奏章等。这些资料有的写在竹简、木简上面，竹简、木简一卷又一卷，堆放得比人还高；有的写在黄色的丝帛上，一大包又一大包，屋子被塞得满满的；还有的铸刻在青铜器的内壁上，让人看得眼花缭乱。老聃轻轻地感叹道："这是大海啊！这是千座大山、万道峻岭啊！"

初到守藏室，老聃便暗自下决心，一定要把守藏室整理好，保管好，更要学习好。管理守藏室的官员们发现，这个新来的小伙子手脚勤快，什么事都干得周到利落。守藏室里积满厚厚的灰尘，老聃清理得干干净净；地面上、架子上堆着大卷大卷的竹简，他按照时间、内容分类，整

009

了不起的中国历史人物

智慧先哲

理得井井有条。更让官员们惊讶的是，这个小伙子从来没有闲下来过，他经常捧着书学习，直到三更半夜，还不愿意休息。

三年过去了。守藏室的馆长年老力衰，准备回家养老。临走之前，他跪拜在周王面前颤颤巍巍地说："能够接替我的唯有老聃。"周王和大臣们都点头同意。别看老聃只有二十岁，他的学问在守藏室却是第一。守藏室里的图书，他读得最多，懂得最深，无论问什么，他都能回答得头头是道，有条有理。他做馆长，一定能把守藏室管理好。

很快，老聃的名望传遍全国，人们都知道守藏室有一位知识渊博、德高望重的人物。人们每次遇到疑难的问题，就前来请教老聃。老聃总是客客气气地接待，认认真真地解答，让人们钦佩。不久，人们尊敬地称老聃为"老子"。前来拜访老子的，都是来自五湖四海有学问的名人，有阳子居、庚桑楚、南荣趎（chú）……

不知不觉，一年又一年过去了。老子还是那样认真地钻研学问，思考哲理。掐指一算，他在守藏室里工作了五十多年，如今，他已经七十多岁了。

有一天，孔子前来拜访。老子看着身材高大、衣服整齐的孔子，点点头，问道："我听说，你是北方的贤人，你已经领悟大道了吗？"

了不起的中国历史人物

孔子说:"我专心学习了五年,没有领悟。又去研究阴阳学说,用了多年时间,还是没有领悟。"

老子说:"有人贪图财富,有人追求名望,有人迷恋权势,心中却没有一点见识。内心要端正,做不到这一点,心灵的大门就永远也不能打开。"

过了几年,孔子又来拜访老子。老子问他:"我说的书,你全都看完了吗?"

孔子说:"您说的书,我全都看完了,道理,我全都懂得了。我拜见了许多君王,但谁都不听我的。"

老子慢慢地说:"你是没有遇到能治理天下的君主。足迹,是用脚一步一步走出来的。本性不可更改,天命不可违逆,时光不会停留,大道不会阻塞。没有大道,什么都不行。"老子还讲了许多深刻的道理。

孔子告别老子,回到住处,开始思考老子说的话,一连三天三夜都没有出过屋子。直到学生前来问候,他才长长地叹了口气,说:"我终于懂得了什么是道。没有认识自然万物的变化,怎么能教育别人?"

孔子决定回到鲁国,于是来向老子辞行。老子说:"富贵的人送行,送的是财物。品德高尚的人送行,送的是嘉言。我的临别赠言是:聪明智慧的人常常遇到死亡的威胁,是因为他好议论别人;博学善辩、才能出众的人常常危及

智慧先哲

自身,是因为他经常揭发别人的丑恶。做子女的不要在父辈面前显耀自己;做臣下的不要在君王面前抬高自己。"

高高的函谷关

在老子九十多岁的时候,周王朝发生了内乱。老子看到周王朝越来越衰弱,决定离开国都,远走高飞。他骑着一头青牛,慢悠悠地出了洛邑,向西方走去。大路的北面是奔腾的黄河,两旁是陡峭的高山,边上有一条蜿蜒的小河。走着走着,山谷中出现了高大的城楼。他知道,这里是函谷关。

守关的兵士见到老子,急忙报告长官尹喜。尹喜知道老子很有学问,于是恭恭敬敬地请老子到关口的营房休息,还建议老子把他的思想、见解写出来,把智慧留给人们。

老子答应了。多年来他讲过许多,想过许多,如果能把这些感悟写成文字,编著成书,确实是件好事。于是,他拿起笔,把早已深思熟虑的思想一笔一画地写在竹简上。

老子写啊写啊,写到日上三竿,写到暮色四合,连着写了几天几夜,用去的竹简已经有几百根了。

老子越写越慢,他已经很疲劳了。终于,在写完"天之道,利而不害;圣人之道,为而不争"后,老子把笔放

〔春秋〕老子 〔春秋〕孔子 〔战国〕孟子 〔战国〕庄子 〔战国〕韩非子 〔西汉〕董仲舒 〔南北朝〕范缜 〔南宋〕朱熹 〔明朝〕王守仁 〔明末清初〕黄宗羲

下，揉了揉眼睛说："好了，不写了！"

尹喜尊敬地说："您写得真快，真多。"

"你要记住，天之道，利而不害；圣人之道，为而不争。"老子看着尹喜，郑重地说。

第二天早晨，老子骑上青牛，出了函谷关。青牛踢踢踏踏地走着，后面扬起一缕黄土。老子越走越远，拐过一个弯后，便再也没有了音信。

《道德经》

老子在函谷关的几天里，一共写了五千多字，前面的37章是上篇，第一句是"道，可道，非常道"，叫做"道篇"；后面的44章是下篇，第一句是"上德不德，是以有德"，叫做"德篇"。后人将其总称为《道德经》，这是老子最重要的著作。

《道德经》内容丰富，包含了从宇宙到天地、从社会到人生、从思想到行为等方方面面的精辟论述，集中了老子对大自然的思考，对自然规律的探索。

《道德经》认为"道"是永恒的、绝对的，是在天地之前就形成了的，是万事万物的主宰，这是唯心主义的认识。但《道德经》又认为事物是对立存在的，是互相依存、互相

智慧先哲

转化的，这是朴素辩证法思想的光芒。

《道德经》不仅是伟大的哲学著作，也是优美的散文著作。全篇句式整齐，大致押韵，还运用了很多修辞手法，读来朗朗上口，鲜明生动，其中有许多名言警句至今仍广为传诵。

汉朝时期，道教出现，将老子尊奉为祖师、太上老君、道德天尊，《道德经》也被尊为道教的经典。

唐朝时期，唐太宗组织人力，把《道德经》译成梵文，传到了古印度。唐高宗封老子为"太上玄元皇帝"。唐玄宗把《道德经》尊称为《道德真经》。

明朝皇帝朱元璋称《道德经》是"王者之上师，臣民之极宝"。

清朝皇帝顺治为《道德经》作序言，极尽赞美。

德国哲学家黑格尔称《道德经》是"东方古代世界的代表"。

德国哲学家尼采称赞《道德经》"像一个永不枯竭的井泉，满载宝藏"。

〖春秋〗老子 〖春秋〗孔子 〖战国〗孟子 〖战国〗庄子
〖战国〗韩非子 〖西汉〗董仲舒 〖南北朝〗范缜 〖南宋〗朱熹
〖明朝〗王守仁 〖明末清初〗黄宗羲

/知识链接

老子的名言

信言不美,美言不信。善者不辩,辩者不善。

知人者智,自知者明。

将欲取之,必故与之。

祸莫大于轻敌。

合抱之木,生于毫末;九层之台,起于累土;千里之行,始于足下。

天下皆知美之为美,斯恶已;皆知善之为善,斯不善已。有无相生,难易相成,长短相形,高下相盈,音声相和,前后相随。

人法地,地法天,天法道,道法自然。

富贵而骄,自遗其咎。

知足不辱,知止不殆,可以长久。

以正治国,以奇用兵,以无事取天下。

邻国相望,鸡犬之声相闻,民至老死不相往来。

弱之胜强,柔之胜刚,天下莫不知,莫能行。

天地不仁,以万物为刍狗;圣人不仁,以百姓为刍狗。

《道德经》中的成语

上善若水　天长地久　金玉满堂

出生入死　自知之明　小国寡民

天网恢恢　千里之行，始于足下

祸福相依　大器晚成　无中生有

姓名 / 孔丘

史称 / 孔子

朝代（时期）/ 春秋

出生时间 / 公元前551年

逝世时间 / 公元前479年

主要成就 / 开创儒家学派，编纂《春秋》，修订"六经"，创办私学

孔子是中国历史上伟大的思想家、哲学家、教育家。他专心办学，教育学生，整理编修了重要而珍贵的历史文献资料，有《诗》《书》《礼》《乐》《易》《春秋》等，形成了系统的儒家学说。他创立的儒学对中华民族的政治、文化具有深远而长久的影响。

 生于春秋末期，自幼勤学刻苦，谦恭讲理。

 远赴国都求学，回乡创办私学。

 为官鲁国，政绩卓著，却因得罪权贵遭到排挤。

 周游列国十四年，处处碰壁，理想无从实现。

 回归鲁国，专心办学，潜心著述，创立儒学。

了不起的中国历史人物

有志于学

孔子出生于公元前551年，他的祖先虽是贵族，但此时已经衰落。他的父亲叔梁纥(hé)是有名的武士，曾做过掌管乡镇的小官。叔梁纥有九个女儿，没有儿子，六十六岁时娶了只有十六七岁的颜徵在。第二年，颜徵在在鲁国的尼山生下一个男孩，并为他取名为"孔丘"。后来，孔丘被人们尊称为"孔子""孔夫子"。

孔子三岁时，父亲去世，母亲带着他回到家乡曲阜，日子过得相当艰难，但母亲还是尽力让孔子接受了良好的教育。孔子也很争气，他学习刻苦，勤学好问，谦恭讲理，给人们留下了良好的印象。

他射箭时，许多人围着观看，赞叹他技法熟练。他学习弹琴，不光要熟练掌握弹拨的技巧，还要领会乐曲的神韵，感受作曲者的心情、风度。他在鲁国担任小吏，管理牛羊、仓库，把牛羊养得肥肥壮壮，仓库账目管理得清清楚楚。他参拜太庙的时候，见到古老的礼器、复杂的礼仪，都要一再询问，非要弄明白。他还认真思考了如何治理国

智慧先哲

家，怎样钻研学问，古代的礼仪制度有哪些，当代的社会状况是什么等，各种问题都想得深入而透彻。

孔子博学多闻，逐渐有了名声。齐国的君王齐景公和丞相晏子来到鲁国，请孔子一起讨论天下大势。孔子滔滔不绝地发表了自己的见解，让齐景公对他赞赏有加。这一年，孔子只有三十岁。

为了学习更多的礼仪，阅览更多的书籍，孔子下定决心要到周朝的国都洛邑（今河南洛阳）去。洛邑远在千里之外，道路遥远，徒步跋涉，要走一个月才能到。但孔子不怕劳累，他来到洛邑，在这里认真学习，读到了许多难得一见的图书，收获很大。他还数次前去拜访著名的学者老子，向老子请教。

后来，孔子要离开洛邑，临行前特意去向老子告别，老子说："富贵之人用财物送人，仁义之人用嘉言送人，我不是富人，不能送给你财物，只能送给你几句话。聪明智慧的人不得善终，往往是因为他喜欢说人是非，博学善辩的人引来祸端，往往是因为他喜欢揭别人的短。做子女的不要在父辈面前摆出一副高高在上的样子，做臣子的不要在君王面前炫耀自己的能耐。"孔子牢牢地记住了老子的话。

回到家乡后，孔子开始招收学生，开办私学。过去的学校都是官办的，没有官府的许可，年轻人就没有上学的

【春秋】老子　【春秋】孔子　【战国】孟子　【战国】庄子　【战国】韩非子　【西汉】董仲舒　【南北朝】范缜　【南宋】朱熹　【明朝】王守仁　【明末清初】黄宗羲

了不起的中国历史人物

机会，但孔子创办的私学，让更多的人有了学习的机会，而且他讲课很有水平，深受学生们的喜爱。

孔子办学的同时，继续钻研学问，关心天下大事，思考着治国的理念，逐渐形成了"忠君尊王""中庸"等系统的理论。他也开始被人尊称为"孔子"。

初露锋芒

孔子五十一岁时，鲁定公任命他担任中都宰。在任时，孔子努力推行自己的治国主张，兴办教育，让当地百姓富足了起来。

智慧先哲

他制定了几条制度：老年人、儿童、青壮年的饮食要有差别，分配给他们的劳动任务也要有所不同；路上丢的东西不能私自拾取；人们日常的用具不许造假，也不能过分雕琢修饰。他还规定了男女不许一起走路，确定了棺材的尺寸厚度等。这些制度的实施，使百姓受益良多，四面八方都有人来学习和效仿。

很快，孔子升官了。鲁定公命他担任鲁国的小司空，负责土地山林的开发。他开动脑筋，把山坡、丘陵、平原、沼泽的土地分成五个等级，分别种上不同的庄稼，管理得有条有理。

孔子五十二岁时，被鲁庄公任命为鲁国的大司寇，成了鲁国的高级官员，后来还代理了丞相的工作。孔子认真地履行自己的职责，审判案件时，先了解案情，然后听取下级官员发表的意见，最后才说出自己的看法，做出判决，大家都觉得他的判决很公正。

鲁定公十年（公元前500年），齐国国君齐景公和鲁国国君鲁定公在边境夹谷相会。孔子高度警惕，事先做了周密的部署。齐国派来全副武装的精锐军队，当着鲁定公的面，用力地敲起锣鼓，舞刀弄枪，大喊大叫，向鲁国示威，还提出过分的要求，想把鲁国变成自己的附庸。不仅如此，齐国还派了小丑在台上胡闹。孔子见状，大步走上会盟的

〖春秋〗老子 〖春秋〗孔子 〖战国〗孟子 〖战国〗庄子
〖战国〗韩非子 〖西汉〗董仲舒 〖南北朝〗范缜 〖南宋〗朱熹
〖明朝〗王守仁 〖明末清初〗黄宗羲

土台，怒目圆睁，下令斩杀了小丑，并据理驳斥，理直气壮地要求齐国归还占领鲁国的土地。齐景公没有办法，只好归还了鲁国的土地。夹谷之会上的斗智斗勇，显示出了孔子非凡的才能和胆略。

鲁国虽然历史悠久，文化发达，却不是富强的国家。因为鲁定公没有实权，三个贵族占据着鲁国的大片土地，在自己的领地周围修筑了高高的围墙和城楼，建成了坚固的堡垒。他们还拥有自己的军队，既不向朝廷缴税，也不听国君调遣，完全不把鲁定公放在眼里。

而孔子主张"忠君尊王"，做臣子的不能有私人武装，只能规规矩矩地服从君王。于是，孔子下令拆毁三个贵族的城堡和围墙，想要灭掉他们的威风，没想到这引起了三个贵族的武装叛乱。孔子虽然镇压了叛乱，好不容易拆掉了两家的围墙，但有一家坚决不拆，形成了僵局。

此后，贵族势力和孔子之间的矛盾急剧加深。孔子不愿意和这些贵族同流合污，贵族们也一直对孔子怀恨在心，孔子只好辞去职务，怏怏不乐地离开了鲁国。

周游列国

离开鲁国，该到哪里去呢？孔子决定访问各诸侯国，

智慧先哲

[春秋]老子 [春秋]孔子 [战国]孟子 [战国]庄子
[战国]韩非子 [西汉]董仲舒 [南北朝]范缜 [南宋]朱熹
[明朝]王守仁 [明末清初]黄宗羲

推行自己"仁政德治"的政治主张，干出一番事业。一些忠心耿耿的学生也愿意继续追随孔子，希望跟着老师找到一条出路。

孔子首先来到卫国，卫国的国君卫灵公早就听说孔子有学问，道德高尚，于是亲自迎接。他客气地问孔子在鲁国领取多少俸禄，孔子回答说每年二千石粮食。卫灵公立刻爽快地答应：在卫国待遇不变。孔子和他的学生在卫国安了家，不用再为生活发愁。

但是，卫灵公没有采用孔子的主张治理国家的意思。孔子在卫国没有任何职务，对卫国的国家大事也没有发言权。他只能传授知识，教育学生。

了不起的中国历史人物

　　在卫国安安稳稳地过了几年后，卫灵公去世了，卫国陷入内乱，孔子和他的学生们只好离开。他向南走到曹国、宋国、郑国，但这些国家都没有人接待他，对他很冷淡。一路上，孔子和他的学生们经常为吃饭发愁。

　　到了郑国，孔子和他的学生们不巧走散。他一个人站在城门底下，伸着脖子东看西看。郑国人感到十分奇怪，这是谁呀？高高的个子，长长的脸，狼狈不堪，如同丧家之犬。

　　刚到陈国的时候，孔子一行已经没有一点吃的东西了，有几个学生病倒了，大家都很担心，孔子却镇静地弹着琴，低声唱着歌，没有一丝慌乱。有人问孔子的学生子路，和你们一起的那位老人是谁？子路不知道怎么回答，孔子对子路说："你怎么不对他说，这个人啊，学习不知道疲倦，教导别人不感到厌烦，发愤工作常常忘记吃饭，生活欢乐常常忘了忧愁，连自己快要老了都不知道。"

　　孔子在陈国住了几年后，卫国的秩序安定了，卫国的国君邀请他回去。孔子再次来到卫国，很想施展自己的才能，卫国的国君对他很尊重，可仍然没有让他掌政，孔子只好继续教学。

　　随着孔子的名声越来越大，鲁国的国君派人带着礼物来迎接孔子，请他回到鲁国。当时孔子已经六十八岁了，

智慧先哲

头发胡子都白了,再想做官也很难有机会了,于是决定回到鲁国去。至此,孔子结束了十四年的流浪生活。

这十四年,孔子风尘仆仆,周游列国,前后到了十多个国家。这些国家大多是小国,兵强马壮的晋国、楚国、秦国都没有邀请、重用孔子的意思。孔子治国平天下的理想虽然没有实现,但他觉得自己的思想、学问、品德修养等各个方面已经十分成熟。他对于世间的是非真假,有了明确的认识,达到了"从心所欲"的最高境界,对政治、经济、道德的认识也形成了系统的理论。

孔子不满社会的动荡战乱,总想恢复西周盛世。在他的理想中,君王知人善任,民众富裕而有教养,臣下尊奉君王。他憧憬"天下为公"的大同世界,认为治理国家要实行仁政,进行德治,提倡"中庸",用"仁"作为道德、礼仪的基础,规范人们的行为言谈。

孔子主张,做人要做仁义的君子,不能做只追求利益的小人。臣民对君王忠诚,儿子对父亲孝顺,弟弟对兄长尊重,妻子对丈夫服从,讲仁、义、礼、智、信。他还主张,要实行"忠恕之道","己所不欲,勿施于人"。他要求子女对父母孝敬。孔子相信天,讲天命,却不相信鬼神。这一套学说,人们称为"儒学"。

【春秋】老子 【春秋】孔子 【战国】孟子 【战国】庄子 【战国】韩非子 【西汉】董仲舒 【南北朝】范缜 【南宋】朱熹 【明朝】王守仁 【明末清初】黄宗羲

万世师表

鲁国的国君很尊重孔子，每次有什么国家大事，都要听听孔子的意见，但对孔子发表的见解，却很少听取，更不会照办。孔子也明白，从政当官毫无希望，于是干脆专心致志地搞教育。

孔子办学，教授的内容十分广泛，不仅有文化知识，还有各种技能，包括"四教""六经""六艺"等十几门课程，很受欢迎。附近的年轻人纷纷前来求学，也有人从几百里、上千里外慕名前来。

孔子主张"有教无类"。他的学生里有阔绰的贵族子弟子贡，也有靠吃野菜充饥、住茅草房的穷孩子曾参、子路，还有曾经蹲过大狱的公冶长。孔子按照不同的情况，对学生"因材施教"，和学生谈话讨论，启发学生多思多想，多做练习。

孔子主张"学而优则仕"，这句话的意思是说，学习学好了还有余力，就可以去做官。他教的课，是为学生将来有所作为而设立的。学生学习好，知识储备丰足了，就可以把所学的知识运用到日常实践中。孔子的学生确实有不少人做出了一番成就，有的成就相当大。

孔子讲学，不仅是传授学生知识，更重要的是培养学

生的道德。他提倡"学而时习之""温故而知新",认为"三人行,必有我师焉",带头"不耻下问"。他教导学生说,只会读书不去思考,就会受骗;只去空想而不读书学习,必然一事无成。如果学生有疑问,孔子就会多方面启发,和学生讨论、讲解,直到学生明白。他对刻苦求学的学生态度温和,对懒惰的学生又十分严厉。

学生尊敬孔子,既尊敬他的才学,又尊敬他的品德。人们称赞孔子是圣人,是伟大的教师,是千载万世教师的光辉典范。

著书立说

孔子晚年做的一件大事,就是整理、编修古代的著名文献,著书立说。

孔子自幼爱学,深知文献资料的价值,也发现了其中的很多问题:不同的国家对历史的记述各不相同,同一事件,发生在哪一年、在什么地方,前后经过是什么,各种资料也写的不一样。例如周幽王时期,有一年十月发生了日食,还有一次特大地震,究竟是哪一年,地震发生在什么地方,却没有说清楚。资料中还有许许多多荒唐糊涂的记述和关于鬼怪妖魔的奇闻。爱护文献资料,就必须搜集、

保存、整理它，对资料进行订正、核对，改掉错误的，删去多余的、重复的、荒唐的，才能让更多的人学习、应用，这是孔子多年的愿望。

这是一项极其浩大的工程，也是极为烦琐、劳累的工作。孔子在晚年献出了自己的全部心血，没日没夜地整理、编纂文献资料。他呕心沥血地翻阅资料、读书，编竹简的皮绳前后断了三次。

中国人爱音乐，爱唱歌，有庙堂祭祀时庄严肃穆的音乐，有田间花丛中清越的民歌，有军旅雄壮的战歌，有表达爱慕的情歌。孔子喜欢音乐，他在幼年时读到一部选编的诗歌集，大约三百多篇，有各国的民歌，贵族祭祀的乐歌，周王朝祭祀祖先、天地的舞曲歌辞。然而这只是流传在黄河流域、中原地区的歌曲、民谣。孔子到了老年，还忘不了这些歌，经常反复吟唱。他认真地订正了这部诗歌集，把各种不同的题材归纳分类，改正其中的错字、别字。这部诗歌集就是流传至今的《诗经》。

孔子还整理了夏、商、周的文献典籍，编成《礼》《尚书》《乐》《易》等书。几千年前的风俗、礼节、仪式，很多难得一见的文献、命令、谈话，许多重大的事件、惨烈的战争，都得以在书中保存，并流传后世。

孔子对历史研究较为深入。他借来鲁国史官保存多年

智慧先哲

的竹简，认真阅读、抄写，据说把五辆牛车都装得满满的。他又参考了其他国家的史书，用很长时间整理、编写了《春秋》。这是中国历史上第一部编年史。这部书记载了从鲁隐公元年（公元前722年）到鲁哀公十四年（公元前481年）前后242年的历史。全书16500字，看起来字数不多，记述简略，平均一年只有68个字，内容却很丰富，不仅记述了事件的时间、地点、经过，也表达了孔子的态度，有肯定、赞扬，也有反对、斥责、蔑视。孔子还把自己的思想、主张，渗透到字里行间。后来，孟子赞颂孔子："孔子作《春秋》，而乱臣贼子惧。"自此，在史实记述中表达自己的态度，成了中国历史界几千年来的优秀传统。

孔子的晚年是辛勤而忙碌的，是充实的，但也是不幸的。他的妻子、儿子陆续去世，他最喜爱的学生子路、颜回也先后去世。孔子心情悲凉，病情加重。他扶着拐杖，在门前自言自语地感叹："高高的泰山啊，快要崩毁了；直直的梁柱啊，就要折断了；目光炯炯的哲人啊，就要枯萎了。"

公元前479年，夏历二月十一日，孔子逝世。这一年，孔子七十三岁，他的学生们将他的言论、谈话，以及一些学生的言行，整理成《论语》和《孔子家语》两部书。《论语》在世间广泛流传，《孔子家语》内容相对更丰富些，却

〔春秋〕老子 〔春秋〕孔子 〔战国〕孟子 〔战国〕庄子
〔战国〕韩非子 〔西汉〕董仲舒 〔南北朝〕范缜 〔南宋〕朱熹
〔明朝〕王守仁 〔明末清初〕黄宗羲

流传不广。

孔子去世后，人们尊敬他，称赞他是伟大的学问家、教育家，学习他的著述。儒学也成了社会上一门重要的学说。

孔子主张的"忠君尊王"，宣扬的仁、义、礼、智、信，逐渐受到统治阶级的重视。西汉时期，董仲舒在汉武帝的支持下，提出"罢黜百家，独尊儒术"，并在儒学中增加了"君权天授""天人感应"等内容。从此，孔孟儒学占据了社会的统治地位。这时，孔子已经去世了三百多年。

历代帝王尊崇孔子，给他封了各种头衔。公元元年，西汉汉平帝刘衎（kàn）追封孔子为"褒成宣尼公"；公元581年，隋文帝杨坚尊孔子为"先师尼父"；公元628年，唐太宗李世民尊孔子为"先圣"；公元739年，唐玄宗李隆基加封孔子为"文宣王"；公元1307年，元朝皇帝元成宗加封孔子为"大成至圣文宣王"。

孔子从一位思想家、教育家，跃升为高山仰止的圣人。孔子的家乡建造了孔府、孔庙，孔氏的墓地被称为"孔林"。到了明朝、清朝，每一座城市都建造了孔庙，每一所学校、私塾都设立了孔子的牌位，每一年都要举行祭孔的典礼。皇帝、大臣、教师、学生，都要向孔子的牌位行礼。官员走过任何一座孔庙，都必须下马、下轿，低着头，恭恭敬

智慧先哲

敬地向前走，不许嬉笑。自宋朝之后，孔子整理、编修的著作被誉为"四书五经"，成了所有学校的必读书目和所有考试的标准资料。

儒学代表了中国封建社会两千多年的统治思想，既有合理的成分，也有消极的、落后的内容。随着社会的发展，儒学变成思想进步的枷锁。二十世纪初期，在新文化运动中，中国的知识分子勇敢地喊出"打倒孔家店"的口号。在长达百年的时间里，人们清理和批判了儒学中那些维护封建统治的腐朽落后的东西，同时，也继承和发扬了其中合理的、积极的、进步的思想。

〔春秋〕老子 〔春秋〕孔子 〔战国〕孟子 〔战国〕庄子 〔战国〕韩非子 〔西汉〕董仲舒 〔南北朝〕范缜 〔南宋〕朱熹 〔明朝〕王守仁 〔明末清初〕黄宗羲

/知识链接

孔子的名言

君子坦荡荡，小人长戚戚。

学而不思则罔，思而不学则殆。

工欲善其事，必先利其器。

敏而好学，不耻下问。

三军可夺帅也，匹夫不可夺志也。

小不忍则乱大谋。

己所不欲，勿施于人。

智者乐水，仁者乐山。

三人行，必有我师焉。

发愤忘食，乐以忘忧，不知老之将至云尔。

志士仁人，无求生以害仁，有杀身以成仁。

人而无信，不知其可也。

好学近乎知，力行近乎仁，知耻近乎勇。

道不同，不相为谋。

《论语》中的成语

尽善尽美	侃侃而谈	不舍昼夜
登堂入室	道听途说	发愤忘食
鸣鼓而攻	循循善诱	诲人不倦
不耻下问	文质彬彬	志士仁人
杀身成仁	举一反三	有教无类
慎终追远	过犹不及	游必有方
温故知新	安贫乐道	见贤思齐

孟子

姓名 / 孟轲

史称 / 孟子

朝代（时期）/ 战国

出生时间 / 约公元前 372 年

逝世时间 / 公元前 289 年

主要成就 / 主张"仁政"，发扬、完善并推广了孔子的思想

代表作品 /《孟子》

孟子是中国古代著名的思想家、政治家、教育家,他继承并发展了孔子创立的儒家学说,使其成了中华民族政治思想、道德伦理的重要组成部分。后来,他被尊为仅次于孔子的"亚圣",他的著作《孟子》也成了封建社会正统教育必读的课本、考试的科目。

壹 生于战国中期,在母亲的严格教育下学有所成。

贰 慕名求学,师从孔子后裔,返乡办学,宣扬孔子学说。

叁 成为稷下宫学者,虽名扬天下,却不受重用。

肆 周游列国,推行仁政思想,最终无功而返。

伍 返回故乡,兴办教育,授徒讲学,著书立说。

母亲严格的教育

孟子生于战国中期，是邹国贵族的后裔，邹国面积小，人口少，国力很弱，百姓时常被忧虑和恐惧所笼罩。

孟子的父亲很早就去世了，母亲仉（zhǒng）氏独自抚养孟子长大。仉氏非常注重对孟子的教育和培养。起初，孟子家在墓地附近，年幼的孟子经常见到送葬的队伍吹吹打打地从门口经过，于是学着他们的样子下跪、磕头、哭丧。母亲摇着头说："不能让孩子住在这里。"她立刻动身搬家，搬到了热闹的集市边上。集市上的人络绎不绝，卖菜、卖杂货的小摊位一个挨着一个，小贩们的吆喝声此起彼伏，引起了孟子的注意。于是他也学着小贩们的样子摆起小摊，大声吆喝着，像模像样地做起了生意。母亲皱起眉头，说："这个地方也不能住下去了！"她再次决定搬家。

这次，母亲把家搬到了屠户家附近，孟子经常跑过去，看屠户怎么把猪羊捆绑起来，怎么挥刀宰杀，怎么开膛破肚、剁肉剔骨……回到家里，他还兴高采烈地讲给母亲听。

智慧先哲

母亲听了非常伤心，连连说："这不是孩子住的地方啊！"她又一次决定搬家。这次她搬到一个学校旁边，学校里有知识渊博的老师，有热爱学习的学生，每个月还会有一些官员来学校里向老师请教学问，他们行为端庄，谦和有礼。孟子看了，又开始模仿起来，读书、行礼，一举一动都显得那么有礼貌、有教养。母亲长长地出了口气，满意地说："这才是孩子住的好地方！"

孟子长大了，母亲送孟子去上学，自己忙着织布。等孟子放学回来，就让他在自己身边读书、背书、复习功课。开始的时候，孟子规规矩矩地学习，时间一长，就觉得厌烦了。读着读着就停下来，自己玩起来。母亲很生气，拿起一把刀，把织布机的线全部割断。孟子大吃一惊。母亲问他："线割断了，还能不能织布？"孟子回答说："没法织布了。"母亲严厉地说："布是一根线一根线织出来的，没有线能织布吗？君子求学要一点一点地学习积累，不好好学习将来能有作为吗？"孟子听了，决心以后认真学习，再也不贪玩了。

稷下学宫的学者

孟子一天天长大，对孔子的学说产生了浓厚的兴趣。

了不起的中国历史人物

于是，孟子来到几十里外的鲁国，在孔子的孙子子思开办的学校里学习。他专心致志地钻研学习了五年，读了很多书，思考了很多问题。

孟子二十六岁的时候已经成了一位很有名气的学者，他回到自己的家乡，开办了一所书院，招收学生，讲授孔子的学说，同时继续钻研学问。

十八年的时间过去了，孟子的书院办得颇有名气。同时，孟子对天下大事进行了认真的观察和分析，钻研了各种学说，他还挑战各种流行的学派，批驳他们的错误主张。他曾经劝说邹国的君王、官员实行仁政，却得不到任何响应。孟子心想，自己不仅仅要讲课办学，还要好好想想怎么样才能实现自己的抱负。

齐国是东方大国，齐威王在齐国的都城临淄（今山东淄博）开办了稷下学宫，邀请天下的学者来这里讲学、研究，给学者优厚的待遇，赐给他们宽敞的房屋，让他们吃得香甜，穿得温暖，并且欢迎大家议论天下大事，给朝政提出中肯的建议，甚至可以对自己当面批评。各国学者纷纷来到稷下学宫。孟子知道后，也赶到齐国，并受到了热情的接待，被尊为"客卿"。这时孟子已经四十三岁。

孟子是著名的学者，不少学生向他请教学问，和他一起深入地研究天下大事，了解各国的情况，发表各种见解。

孟子讲课的时候，总是会有许多人来听讲。

齐威王重视人才。但他最喜欢、最需要的是能冲锋陷阵、杀敌立功的猛将，以及能帮助他治理国家的贤臣，对于孟子这样大讲仁义、实行仁政的人并不是特别感兴趣。孟子在齐国稷下学宫住了三十多年，看起来很受尊重，但齐威王一次也没有接见过他，也从来没有向他请教过如何治理国家。对于齐国内政外交的大事，孟子从来插不上嘴。

这三十多年，中华大地发生了巨大的变化。墨子、杨朱的学说逐渐被遗弃，法家学说逐渐成为主流，秦国通过商鞅变法迅速强大起来，不断发动残暴的对外战争。一年又一年，到处都是战乱，到处都是杀戮，孟子十分痛心。

这三十多年，孟子的眼界逐渐开阔，思想更为成熟。他继承并发展了孔子的思想，形成了系统的"仁政"思想。他反对发动战争，主张不对百姓征收苛捐杂税，重视发展经济、教育，讲究礼仪。他不赞成君主专制，从而创新出民主的思想。

孟子见梁惠王

孟子五十二岁的时候，来到魏国，见到了魏惠王。

魏惠王即位的时候，魏国是战国最强大的国家，占据

着河南中部、北部，山西、河北的南部和山东的东南部，幅员辽阔，土地肥沃，交通便利，物产富饶，军力强大。但随着秦国的崛起，魏国在与秦国的交战中屡战屡败，一片片的土地被秦国占领，国都也被迫越迁越远。

魏惠王早就听说过孟子的大名，亲自前来迎接孟子的车队。他第一句话就问："老先生，您不远千里而来，能给我的国家带来什么利益呢？"

孟子对魏惠王也早有了解，觉得这位君主的迎接很不恭敬，张嘴就提出问题，于是就很不客气地回答："大王为什么一开口就说利益呢？有了仁义就什么都有了。如果上上下下相互争权夺利，国家就危险了。把仁义放在利益之后，不夺取利益就永远不会满足。大王讲仁义就可以了，何必一定要讲利益呢？"

魏惠王领着孟子来到宫廷花园，踌躇满志地介绍着，花园里有清澈的湖泊，天上飞着大雁，岸上跑着梅花鹿，到处盛开着花丛。他得意洋洋地问孟子："有道德的贤人也享受这样的快乐吗？"

孟子回答说："有道德的贤人才会以此为乐，没有贤德的人有了这一切也不会感到欢乐。周文王时期建了灵台花园，百姓很高兴，因为文王和人民同欢乐。夏桀是个昏君，百姓诅咒他，恨不得和他一起死。他建造亭台楼阁，种植

智慧先哲

花花草草，喂养奇鸟怪兽，能欢乐吗？"

魏惠王说："我对国家真是费尽了心力。没有一个国家像我这样处处为百姓打算。怎么我们魏国的人口不见增多，邻国的人口不见减少，这是为什么呢？"孟子笑了笑说："大王爱打仗，我就用打仗来比喻。战场上战鼓咚咚敲响，有的兵丢盔卸甲，拔腿就逃。有的跑了一百步，有的跑了五十步。跑五十步的嘲笑跑一百步的，您说行吗？"魏惠王大大咧咧地说："不行，同样都是逃跑么！"孟子点点头说道："大王明白这个道理，就不要再希望您的百姓比邻国多了。现在，富人家里的猪狗吃着百姓的粮食，路边躺着饿

死的穷人，当官的不知道开仓救灾，还说这不是他们的错误，是天灾。这和杀了人却说不是我杀的，杀人的是刀和剑，不是一样的道理吗？"

魏惠王听着特别刺耳，表面上却仍然很客气地说："我愿意听您的指教。"

孟子说："用棍子打死人和用刀杀人，有区别吗？现在厨房里堆着肥肉，马厩里养着骏马，百姓却饿得皮包骨，野外有饿死的人，这等于率领野兽来吃人。做百姓的父母官，只知道率领野兽吃人，怎么能算是好父母官呢？怎么能让百姓活活饿死呢？"

魏惠王说起齐国曾经打败魏国，秦国一再征伐魏国，楚国过去进攻魏国。这些都是奇耻大辱，他要报仇雪恨。

孟子说："大王施行仁政，减免刑罚，减轻赋税，让百姓精耕细作，孝顺父母，敬爱兄长，服从官长，就是拿着木头棍子，也能战胜秦国的坚甲利兵，谁敢和您抗衡？所以说，仁者无敌。大王，您不要再犹豫了。"

孟子讲的仁政，魏惠王听不进去。他想要的是霸权，想要拥有一支无坚不摧的军队，称霸天下，战胜所有的国家！对于孟子讲的这些，魏惠王一句也不想实行。孟子在魏国住了两年，魏惠王去世，他的儿子魏襄王即位。魏襄王对孟子仍然是表面上客客气气，内心冷冷淡淡。孟子只好离开魏国，回到齐国的稷下学宫。

孟子的理想

孟子生活在战国时期，当时残酷的战争、严苛的暴政，让他十分反感。他向往统一的国度，这是他理想中的社会。他想，能够统一天下的，一定是不喜欢杀人的人，是受百姓欢迎的人，就像干旱的禾苗欢迎雨露一样。

孟子继承了孔子关于"仁"的思想，推广到政治和社会，主张施行仁政。他认为统治者和被统治者之间，应该像父母和子女一样，统治者关心人民的疾苦，减少税收，人民服从统治者。

孟子认为，人民有稳定的财产，平时能吃饱肚子，冬天能穿上棉衣，丰衣足食，生活有保障，就不会去为非作歹。他多次宣传，如果一家人有一百亩（相当于现在的28.8亩）地种庄稼，有五亩地的院子，墙边种上桑树养蚕，再养五只母鸡、两头母猪，一年到头有吃有穿，有肉有鸡蛋，那么全家老老少少八口人就会过得舒舒服服，什么灾荒也不怕。孟子重视发展小农经济，对后世具有极其重大的影响。

孟子反对征战，反对侵略。他主张实行仁义，让贤人当官治理天下，国君和臣下互相尊重。他说，国君把臣下

当成手和脚，臣下就愿意做国君的心腹；国君把臣下当成狗和马，臣下就会把国君看做路人；国君把臣下当成泥土、草芥，臣下就会把国君当成强盗、仇敌。

孟子拥有可贵的民主意识。他说："民为贵，社稷次之，君为轻。"意思是：民众是最重要的，人们朝拜的土神谷神、国家政权是次要的，君王的分量最轻。

孟子认为人的本性是善良的。他说，人，没有不善良的，就像水没有不向低处流的。同情心、羞耻心、恭敬心、是非心，人人都有。同情心属于仁，羞耻心属于义，恭敬心属于礼，是非心属于智，仁、义、礼、智是人生下来就有的。在回答为什么有些人会变坏，作恶多端时，孟子说，作恶不是天生的，是环境促使他变坏的。

孟子认为一个人在穷困的时候，要管好自己，独善其身；如果富贵了，就要让天下人都得到救济和帮助。

孟子说，每个人都可以成为尧舜这样圣洁的人。做人，要做君子，做大丈夫，不能自暴自弃，不要舍近求远，听到别人说自己的错误和不足，要感到高兴。要处处与人为善，多做好事。他指出："富贵不能淫，贫贱不能移，威武不能屈。"意思是，富贵了不能做淫乱无耻之事，穷困时不能动摇、放弃自己的信仰和努力，在威武面前不能屈服，这样的人才是大丈夫。

智慧先哲

孟子说，上天要降下重大的使命让一个人担当，一定要磨砺他的心志，使他筋骨劳累，处于穷困之中，使他品性坚韧，增进他的能力，这样他才能奋发有为。人们都是生于忧患，死于安乐，意思是，战胜忧患使人生存，安乐享受使人灭亡。孟子的这些话，鼓舞了一代又一代的中华儿女。

孟子大部分时间住在齐国，也曾经到过宋国、魏国、鲁国、滕国，会见了国君、大臣、学者，其中有魏国的魏惠王和他的儿子魏襄王，有滕国的国君滕文公，交流最多的是齐威王的儿子齐宣王。孟子向他们一再宣传自己的政治主张，希望这些国家能实行"仁政"，对这些国家的政治、经济提了很多意见，有些还很尖锐。有的国君对孟子很客气，有的很冷淡，但无论态度如何，都没有一个人愿意接受孟子的主张。齐宣王对孟子表面上很尊重，孟子外出，派遣豪华的车队随从；孟子回来，赏赐金银。但他对孟子刺耳的意见不理不睬，好像根本没有听见，根本不想实行。

看着这一切，孟子忧心忡忡，怎么才能让天下安宁，民众幸福？孟子认为，"仁政"是最好的办法。但是没有一个国家愿意听从，人们说他书生气十足，空话连篇。孟子感到十分失望。

了不起的中国历史人物

　　七十八岁的孟子，白发苍苍，心灰意冷，告别齐国，回到家乡，和他最重视的学生万章、公孙丑等人一起，继续兴办教育，授徒讲学，并开始著书立说。他要把自己的主张系统地整理出来，让世人都知道，流传给后代。

　　整理著作的工作十分艰难，有些事情已经过去了几十年，把多年的思想、言论全都回忆起来，整理成文章，实在是不容易。当时没有纸，所有的文字只能写在一根一根窄窄的竹简上，然后再将它们编成册，集成卷。

　　公元前289年年底，寒风凛冽，八十四岁的孟子去世，被安葬在四基山的西麓——后世称为"孟林"。孟子的几

智慧先哲

位学生继续整理孟子的著作、言论。几年以后,《孟子》才全部整理出来,全书现存共七篇十四卷,大约三万多字。

《孟子》一书,记录了孟子的言论、见解,是儒家学说的重要典籍。这部书不仅是观点鲜明的政论文,也是文笔优美的散文,影响非常深远。书中的论证、反驳、比喻,逻辑严密,行文流畅,气势磅礴,感情充沛,极富感染力。其中的许多成语一直沿用至今。

孟子去世六十多年后,秦始皇统一了中国。孟子的思想没有为秦始皇接受,秦始皇焚书坑儒,禁止孔子、孟子的学说。直到三百多年以后的东汉时期,孟子的思想才逐渐被重视。一千多年以后的宋朝,孟子的著作被列为科举考试的科目,孟子成了仅次于孔子的"亚圣",被供奉在孔庙中,受到越来越广泛的尊奉,《孟子》被列为"四书五经"中重要的一部著作。

知识链接

孟子的名言

为渊驱鱼，为丛驱雀。

人皆可以为尧舜。

五十步笑百步。

尽信书，则不如无书。

不以规矩，不能成方圆。

仰不愧于天，俯不怍（zuò）于人。

天时不如地利，地利不如人和。

穷则独善其身，达则兼济天下。

民为贵，社稷次之，君为轻。

富贵不能淫，贫贱不能移，威武不能屈。

老吾老以及人之老，幼吾幼以及人之幼。

故天将降大任于是人也，必先苦其心志，劳其筋骨，饿其体肤，空乏其身，行拂乱其所为。所以动心忍性，曾益其所不能。

《孟子》中的成语

不远千里　水深火热　揠苗助长

事半功倍　闻过则喜　与人为善

明察秋毫　舍近求远　心悦诚服

为富不仁　左右逢源　专心致志

杯水车薪　一毛不拔　舍生取义

长幼有序　出尔反尔　一曝十寒

恻隐之心　尊贤使能　好为人师

缘木求鱼　自暴自弃

得道多助，失道寡助

生于忧患，死于安乐

庄子

姓名 / 庄周
史称 / 庄子
朝代（时期）/ 战国
出生时间 / 约公元前 369 年
逝世时间 / 约公元前 286 年
主要成就 / 继承、完善并拓展了老子创立的道家思想，在中国文学、哲学史上做出了不朽贡献
代表作品 /《庄子》

庄子是战国中期著名的思想家、哲学家、文学家。他继承了老子创立的道家思想，揭露并嘲笑社会的丑恶和阴暗，主张无为而治，崇尚个人自由。庄子的思想集中表现在他的著作《庄子》中。《庄子》不仅是重要的哲学著作，也是生动活泼的散文。

壹 生于乱世，家境贫寒，在战火纷争中长大。

贰 自幼好学，博览群书，以列子为尊，深受其影响。

叁 追求自由，拒绝做官，对帝王将相百般讥讽。

肆 热爱自然万物，尊敬能工巧匠，向往美好，厌恶现实。

伍 批评各家学说，主张无为而治。

生于乱世

　　大约公元前369年，庄子出生于宋国蒙城（今河南商丘）的一个没落贵族家庭，在他少年、青年时代，中原大地长期处于战火之中，社会动乱不安。

　　宋国西邻强大的魏国。庄子出生时，魏惠王即位。在短短的五年之内，魏国与赵国、韩国、齐国、秦国四个国家打了四次仗，刀光剑影，你争我夺。

　　庄子出生的第三年，有着六百多年历史的周朝没有人尊敬，也没有人保护，在激烈的争斗中分裂为两个小国，西周国和东周国。

　　宋国南邻庞大的楚国。楚国经过吴起变法，军力大增，楚军骑着战马，横冲直撞，踏过宋国，一只打到黄河边。

　　宋国东邻强盛的齐国。齐国和魏国是多年的死对头，他们每次开战，总要捎带着攻打宋国。宋国的土地面积逐年减小，家家户户都鸡犬不宁。

　　商鞅在秦国开始变法改革的时候，庄子十三岁。庄子亲眼看着秦国迅速强大起来。秦国在国内实行严酷的刑法，

智慧先哲

对外征伐魏国，攻打赵国，成为中原最凶恶的霸主。庄子三十一岁时，又见到威武强悍的商鞅被残酷地杀害。

赵国国都邯郸遭到屠城，魏国名将庞涓兵败马陵，秦国大将白起一次杀死数十万俘虏……年年战火，处处血腥。庄子沉痛地感到，天下只有强权和阴谋诡计，哪里有公理和道义！

庄子自幼好学，对于天下大事、历史变迁极为关心。他读过很多书，具备丰富的知识，人们不清楚他的老师是谁。在他的著作中，他对列子极为尊重，称他为"子列子"。有人说，庄子是列子的学生。列子，原名列御寇，是战国初期的郑国人，主张清静无为，和老子的思想相近。列子的著作中经常使用比喻和寓言故事，人们熟知的"愚公移山""杞人忧天"的故事就出自列子的著作。列子的文风对庄子影响很大。

庄子生活在战乱时代，他的家乡又经常被大国欺压凌辱，再加上租税沉重，刑罚严酷，官吏压榨，老百姓根本没有安全感，生活极其贫困。各种学说华丽而动听，却不能解决现实中的任何难题。庄子经常感叹生活的艰辛，人生的悲哀。他痛心地说，幸福比羽毛还轻，灾祸比大地还要重。

庄子说，诸侯国之间相互残杀征战，好像一个蜗牛两

个触角之间的争夺、厮杀，是渺小的。他讲了一个故事：在果树上，有一只懒洋洋的蝉鸣叫不停，隐蔽在树叶后面的螳螂正盯着前面的蝉，想猛地一扑，捕获食物。可螳螂后面有一只大鸟瞪大眼睛，随时准备吃掉螳螂。而鸟的旁边，是拿着弹弓的人，他正静静地等待着打鸟的时机。突然，管果园的人跑过来，斥骂并赶走了拿弹弓的人。庄子长叹一声，世界上就是这样互相争夺，为了各自的利益，丧失了自己。

有一年，庄子去楚国，在路边见到一个骷髅。庄子十分感慨，当初这个人活着的时候，是遇上了亡国的大事被

刀斧砍杀，还是自己有了不好的作为羞愧而死？是遭受饥饿寒冷而死，还是享尽了天年？庄子在梦中，梦见这个骷髅开口对他说："死了，上没有君王的统治，下没有官吏的管辖，也没有四季的操劳，从容而安逸。即便是君王也比不上我。"庄子想让他复活，骷髅说："我何必去追求人世间的劳累辛苦！"

生不如死的感叹，是庄子对人生的苦恼，对乱世的悲哀。他看到忠臣比干、武将伍子胥等人一生拼命奋斗，想有一番作为，最后却落得悲惨的下场。庄子认为，他们执着地追求自己的名声，注定是一场悲剧。

庄子生于乱世，家族没落，生活相当贫困。在他的著述中有不少记载，说自己住在破败的村子，简陋的小巷，自己动手编织麻鞋，身体干瘪，脸色青黄。

有一次，庄子没有饭吃，只好向魏国的官员借粮食。那个官员大模大样地说："好啊！我快要收到租税了，将来，借给你三百两黄金，行吗？"庄子脸色骤变，气愤地说道："我昨天在道上见到车辙里有一条小鱼正在挣扎。它央求我给它一盆水，好让它活下去。我说，我要去南方请求吴王、越王，引来西江的水欢迎你。那条鱼说，只要一盆水我就能活下去，等你引来了西江的水，还不如直接到死鱼摊上去找我呢。"

追求自由

庄子生活贫困。君王请他做官,他却不屑一顾。

楚威王听说庄子很有才华,派了两个官员带着一千两黄金的厚礼来拜访庄子,聘请他担任楚国的丞相。庄子正在河边钓鱼,笑笑说:"千金,是重利;丞相,是高官。你们见过养得肥肥胖胖的牛吗?穿着绣花的丝绸,吃着精美的食物,最后却被牵进太庙里宰杀,作为贡品献祭。"

官员努力说服庄子,庄子说:"楚国有神龟,已经死了三千年。楚王把它装进精美的箱子,盖上昂贵的绸缎,供在庙堂的高台上面。你们说,是活着摇着小尾巴在泥里、

水里爬更好，还是死后变得尊贵更好呢？"这两个官员说："还是摇着尾巴活着好。"庄子说："你们回去吧。我还是摇着尾巴在泥里、水里爬吧。"

庄子的朋友惠施在魏国做丞相，庄子去看望他。有人对惠施说，庄子想取代他担任丞相。惠施一下子慌了，于是就下令在全国城乡搜查，整整查了三天三夜。庄子来了，对惠施说："南方的凤鸟飞到北海，不是梧桐树它不停歇，不是竹子的果实它不吃，不是清泉水它不喝。有一只鹞（yào）鹰抓到一只腐烂的死老鼠，怕凤鸟来抢，于是怒气冲冲。所以你是因为你的丞相之位，对我怒气冲冲吗？"

庄子对官吏和自以为是的读书人极尽嘲讽。有人当了官，洋洋得意。庄子冷冷一笑，说，这些人就像爬在猪身上的虱子，以为自己有了高房大院。可杀猪燎毛的时候，他们不会一起被火烧焦吗？

宋国有个人叫曹商，为宋王出使秦国。秦王赏赐给他一百辆马车。他向庄子炫耀，庄子对他说："秦王有病，给他破脓疮的人赏一辆车，用舌头给他舔屁股上痔疮的人赏五辆车，治疗的方式越卑劣，获得的车辆就越多。你用什么方式治好秦王痔疮的？怎么赏给你这么多车？"

庄子看不起自以为是的帝王。他愤怒地说，全国的百姓受苦才养活了帝王，满足了他的欲望。你们嘴里说爱民，

实际是害民；嘴里说休兵，实际在扩军。杀害天下的百姓，霸占世间的田地，这种战争有什么好？胜利又有什么意义？

庄子厌恶世间的丑恶，追求心灵的自由。他说，在水边的野鸡，走十步才能捉住一只小虫，走百步才能喝到一口清水，那也比关到笼子里好，因为它们的心灵是自由的、高兴的。

庄子希望成为"神人""真人"，不吃五谷粮食，呼吸清风，渴饮雨露，乘着云霞，驾着飞龙，骑着日月，游览四海。大火焚烧不感到热，黄河冰冻不觉得冷，雷霆狂风不感到震惊。生，不喜悦；死，不恐惧。无拘无束，自由自在。

庄子去过魏国、楚国、齐国，走遍了中原各国。他对大自然充满感情。他赞美无边无际的大海，"天下之水，莫大于海""千里之遥，不足以举其大；千仞之高，不足以极其深"，十年九涝，水没有增加；八年七旱，水没有减少。

庄子歌颂风。他说，风是大地吐出的气息。风刮起来，有的像急流冲击，有的像咆哮呼喊，有的像哀切感叹，有的像鸟儿鸣叫；有的呜呜唱，有的呼呼应；有清风徐徐，有狂风吼叫。风刮过去，寂静无声，只有小草摇摇曳曳。他连续用了二十一个不同的词语形容各种各样的风，写得

智慧先哲

活灵活现。

庄子想象中的鲲鹏无比巨大。大鹏展开的双翅像天边的云，飞起来，激起三千里的波涛；乘着狂风，直上九万里的高空。

庄子热爱大自然。在他的心目中，挺拔的大树和山一样高，青翠的小草柔弱起伏，飘飘悠悠的蝴蝶、健步如飞的野鸡、踏冰践雪飞奔的骏马、井里夸夸其谈的青蛙……不论是动物还是植物，都有它们各自鲜明的特点、独特的性格，还能侃侃而谈，讲出深刻的哲理。

庄子由衷地钦佩能工巧匠。他赞扬一位宰牛的能手庖丁，说庖丁干起活来得心应手，十九年宰了几千头牛，手中的刀还是那么锋利、明亮，并创造出"游刃有余"的成语；庄子称赞梓庆制造乐器的技术高明得让鬼神都佩服、惊讶；他尊敬一位八十岁的老者，那老者打造出的马的钩带，彼此毫厘不差；他夸奖善于驾车的东野稷，进退转弯，完美自如，画图绣花也不过如此；他说，列御寇和伯昏瞀（mào）人比射箭，他登上高山，脚踩危石，背临深渊，拉弓射箭时仍然神色不变。

庄子向往美好，然而现实残酷，真诚、善良、美好在哪里呢？庄子极为苦闷、悲哀，无可奈何。这种心情，反映在他的许多篇著作中。

批评各家学派

战国时期，社会变化剧烈，政治动荡，各种思想极为活跃。当时流传最广的有墨子的墨家学说，主张兼爱、和平，反对战争；有杨朱的学说，极端利己；有商鞅等人的法家学说，推行变法，发展军事实力；孔子的儒家学说也流传十分广泛，讲仁义，恢复周礼。

庄子对各种学说、各家学派都钻研得十分精细，了解得特别深入。他不赞成这些学说，并在各种场合给予尖锐的批判。

庄子认为，天下大乱，战事纷争，于是出现了各种学派、各种见解。儒家、墨家、杨朱、公孙龙等都标榜自己是正确的，以为自己是万能的，于是他们互相攻击、互相压制，搅闹得乱纷纷。庄子嘲笑他们，他说爱汪汪叫的狗就是良种吗？能言善辩的人就是贤德的人吗？其实，他们宣扬的仁义道德，不过是心灵的镣铐、生命的枷锁而已。

庄子鄙视一些学者学了一家学说，就到处花言巧语，滥发议论，沾沾自喜，自以为了不起。庄子认为天下的圣人都是追求名利的家伙，正是他们造成天下的纷争动乱。他高声地呼喊着"圣人不死，大盗不止"！

庄子亲眼看到，商鞅变法使得西北方向的秦国强大起

智慧先哲

来，商鞅却被诬陷而惨死。他反复思考，法家的主张是真理吗？庄子不赞成法家推行的严刑峻法。他说，伯乐善于驯养骏马，但是手段残忍，用烙铁烧、用绳子拴、用皮鞭打，让它们行动如一，马死去一多半。人们称赞伯乐善于驯马，实际上这是错误的啊！他说法律没有用：偷一只衣带上的玉钩，就要判处死刑；偷窃整个国家，却被尊为诸侯。

庄子批评得最多、最尖锐的是孔子的儒学。孔子鼓吹仁义，认为仁义是必须遵守的道德，是人世间的真理，是治理国家的核心，要约束自己，恢复周公的礼仪，让天下归仁。庄子却轻蔑地说：仁，扰乱人的本性。讲仁义，就像是给猴子穿上周公的衣服，衣服一定会被撕扯得稀巴烂。庄子尖锐地问，哪个有名气的人愿意把自己的名声让给别人？哪个掌握权力的人会把自己的权力分给别人？庄子揭露仁义是虚伪。他说孔子到处讲仁义，只不过是唱着哀叹人世的歌，到处卖弄自己的名声而已。他讽刺儒家的人是一群盗墓贼。

《庄子》中有一段生动的短篇小说，写春秋时期跖(zhí)和孔子的故事。跖，是一位起义军的首领，率领九千人，"横行天下，侵暴诸侯""不祭先祖"。很多人对跖切齿痛恨，骂他是"大盗"。庄子却赞美跖，说他具备了圣、勇、义、智、仁五大优点，有自己的准则和是非，夸奖他"盗

亦有道"。孔子坐上马车，自告奋勇地去劝说跖归顺朝廷，用最好听的言辞奉承跖，说跖身材高大，面目有光，唇红齿白，声音洪亮，答应赏给跖大片土地，封跖做诸侯。跖不为所动，怒气冲冲，痛斥孔子"不耕而食，不织而衣，摇唇鼓舌，擅生是非"，迷惑君王，是追求自己富贵的"巧伪人""罪恶极重"。跖当面愤怒地揭露孔子喜欢当面说好话，背后却造谣生事。跖当面责问：要说大盗，没有比你更大的了！为什么不把你孔丘叫做大盗？却说我是大盗！你的那套主张有什么可贵之处？全都是巧诈、虚伪！孔子听了，面如死灰，无言以答，跌跌撞撞地回去了。

跖斥责孔子的故事，是庄子弟子的创作，虽然不是真实发生的事件，却淋漓尽致地表达出庄子对孔子的批判，对儒家仁义学说的反感。但庄子对孔子的态度也是矛盾的。他多次批驳孔子，也曾经长长地叹着气，说自己比不上孔子，表达对孔子的尊重。

庄子主张，帝王要讲道德，要无为而治。他说，这才是治理天下最重要的道理。

高傲且高尚

面对人世的纷乱，庄子感到深深的苦恼。什么是人生

智慧先哲

的价值？怎么样才能驱散人世间的苦难？他问苍天，问大地，都找不到答案。各种学派都说自己的观点正确，但是这些学派都有弱点、谬误，都不能解救社会。庄子长长地感叹，"此亦一是非，彼亦一是非"，谁也无法相信。

庄子认为知识造就罪恶。书，全都是古人留下的糟粕！每一次天下大乱，都是因为追求知识。他主张不要名誉，不要谋略，不要世事，不要指挥，无见无识，自由自在。他心中的理想社会是不要文字，结绳而用，人们吃得好，穿得美，住得舒适，"鸡犬之声相闻，民至老死不相往来"，把所有的弓箭、渔网、汲水的桔槔（jié gāo）统统扔掉。这些主张，明显是消极的。

庄子说，齐国有一棵大树，树荫能遮蔽几千头牛，树梢高过山岭，木材可以造出几十艘大船。但是，一年又一年过去，观赏这棵树的人来来往往，却没有一个人想抡起斧子砍伐它。为什么呢？木匠说，这是一棵没有用处的树。造成船，船会沉没；造成家具，家具会很快损坏；造成房屋，房屋会被虫蛀。没有用处，才能如此长寿。是啊，梨树、橘子树的树枝被折断，因为它能结出甜美的果子。庄子对弟子说："没有用，才能自由自在地活着，才能保全自己的生命；有用，就会被利用，被损害。"

庄子的弟子问，主人要杀鸡，早晨会打鸣的鸡保住了

性命，不会打鸣的鸡却被杀，这岂不是无用才被杀？庄子叹了口气说，人要在有用和无用之间。

庄子陷入怀疑论。人生是不是真实的？他感到怀疑。他梦见自己变成一只蝴蝶，飘飘摇摇地飞在花丛中，自由自在，高高兴兴。究竟是庄子做梦变成蝴蝶，还是蝴蝶做梦变成庄子？此中的玄妙，谁能说得清？

庄子希望找到真理，在寻觅、怀疑、惆怅、苦恼中度过一生。很多道理他想不明白，只好大量使用比喻，让树木、大鸟、小鱼替他说出心里的话。

庄子是高傲的。他宁可持守贫穷，也绝不向丑恶低头，绝不与肮脏同流合污。他的内心，始终是无边无际的蓝天，是辽阔浩瀚的大海，是对美的无限向往。

公元前286年，庄子去世。他没有见到理想的社会。这一年，他的家乡宋国被齐国灭掉了。

庄子死后，他的弟子把他的著述集中起来，加上弟子们整理的资料、创作的故事，编辑成《庄子》一书。《庄子》的内篇，有《逍遥游》《齐物论》等7篇。外篇15篇，杂篇11篇。全书约8万字，在后世广泛流传。

《庄子》既是哲学著作，也是优美的散文集，具有极高的文学价值。它构思独特，想象奇妙，变化万端，语言生动活泼，词汇丰富多彩，富有鲜明的浪漫主义色彩。《庄

智慧先哲

子》中有二百多个寓言、故事：或长或短，或雄伟壮丽，或小巧机智；石头能说话，树木懂思考，小鱼会欢喜，大海有感慨；许多深刻的哲理用比喻来说明，不枯燥、不死板，趣味无穷。人们从中得到思考，收获美的享受。

唐玄宗天宝元年（公元742年），庄子被追封为"南华真人"。宋朝时，《庄子》一书被封为《南华真经》。庄子被后世尊为道教的开宗祖师、太乙救苦天尊。人们把他供奉在道观、祠庙祭祀。

越来越多的人研究庄子，学习庄子的著作，不是把他当作神，而是把他当作杰出的哲学家、思想家、文学家。人们不赞同庄子思想中的消极观点，但是钦佩他的聪慧机智、诙谐幽默，以及他绝不同流合污的高傲性格，赞同他对社会阴暗面的痛斥和揭露，对虚伪的嘲笑，对追逐名利的鄙视，对大自然的热爱。两千多年来，庄子的许多思想一直引发着人们精神、思想上的高度共鸣。他那精彩绝伦的哲思妙语一直广泛流传到现在，也必定会在未来大放异彩。

〔春秋〕老子　〔春秋〕孔子　〔战国〕孟子　〔战国〕庄子　〔战国〕韩非子　〔西汉〕董仲舒　〔南北朝〕范缜　〔南宋〕朱熹　〔明朝〕王守仁　〔明末清初〕黄宗羲

知识链接

庄子的名言

人生天地之间，若白驹之过隙，忽然而已。

君子之交淡若水，小人之交甘若醴(lǐ)。

夫哀莫大于心死，而人死亦次之。

井蛙不可以语于海者，拘于虚也；夏虫不可以语于冰者，笃于时也；曲士不可以语于道者，束于教也。

此亦一是非，彼亦一是非。

方生方死，方死方生；方可方不可，方不可方可。

吾生也有涯，而知也无涯。

相濡以沫，不如相忘于江湖。

彼窃钩者诛，窃国者为诸侯。

一尺之捶，日取其半，万世不竭。

同类相从，同声相应，固天之理也。

圣人不死，大盗不止。

《庄子》中的成语

善始善终　朝三暮四　相濡以沫

白驹过隙　游刃有余　盗亦有道

邯郸学步　贻笑大方　探骊得珠

心如死灰

韩非子

姓名 / 韩非

史称 / 韩非子

朝代（时期）/ 战国

出生时间 / 约公元前 280 年

逝世时间 / 公元前 233 年

主要成就 / 继承和发展了法家思想

代表作品 /《韩非子》

韩非子继承并发展了法家思想，把法、术、势统一起来，提出了建立强大的中央政权所需的一系列有效的政治主张。他的作品《五蠹》《孤愤》在多国广为传诵。韩非子的许多主张被历代统治者采用，使中国封建专制制度延续了两千多年。

壹 生于战国后期的一个贵族家庭，自幼口吃。

贰 力主改革，创作《五蠹》《孤愤》，却不被重视。

叁 受新任韩王赏识，进宫商讨韩国存亡之计。

肆 因《五蠹》《孤愤》受到秦王赏识，受邀赴秦。

伍 被姚贾、李斯陷害，死于秦国狱中。

生活在忧患之中

公元前280年,韩非子出生于韩国的一个贵族家庭,虽然从小被尊为公子,但他的父辈其实并没有显赫的地位和权势,只能努力让孩子受到尽可能好的教育。韩非子曾经拜荀子为师,荀子虽是孔子儒学的继承人,但他有自己创新的观点,他主张建立新的社会秩序,重视法律,反对天命。荀子的学说,对韩非子产生了很深的影响。

韩非子从小有一个毛病——结巴。他平时讲话就磕磕巴巴的,遇到着急的事,甚至连一句完整的话都说不出来了。韩非子只好少说话,多思考。韩非子观察世界,思考人生,想得非常深入。他的思维逻辑性相当强,写的文章文笔大胆泼辣,生动活泼,机智犀利。

智慧先哲

韩非子生活在忧患之中，韩国虽是战国七雄之一，但面积最小，人口最少，军事力量薄弱，国力不强，经常受到邻国的侵扰。秦、魏、楚这样的强敌更是虎视眈眈，时刻想着要吞并韩国。

韩非子为此开始潜心研究各国的兴衰，分析社会的各种思想学派。

儒家、墨家、道家、纵横家各种学说流传十分广泛，这些学派的观点虽然听起来头头是道，却没有实用价值，既不能富国，又不能强兵。法家的思想生机勃勃，有强大的生命力。商鞅变法，只用了二十多年，秦国就成了富裕强盛的大国；吴起变法，使得楚国避免了内乱的祸害；韩国虽然是小国，然而在申不害担任丞相的十八年里，没有人敢欺负韩国。商鞅、吴起、申不害，都是法家。申不害去世后，秦国迅速占领韩国重镇宜阳，夺取了韩国大片土地。这说明不实行法家的主张，国家就没有出路。

为什么商鞅立下不朽的功绩，却被残酷杀害？为什么楚国、韩国的法家统治没有能延续下去？过去的法家还有哪些不足？如何治理国家？如何有效统治？君王、臣下、百姓，应该遵守什么准则？韩非子不断思考、探究，逐渐形成了自己的思想。

那么，韩国的情况如何？韩非子越观察，越失望。

【春秋】老子 【春秋】孔子 【战国】孟子 【战国】庄子 【战国】韩非子 【西汉】董仲舒 【南北朝】范缜 【南宋】朱熹 【明朝】王守仁 【明末清初】黄宗羲

他看到韩国的官场阴暗丑恶；君王沉迷于声色犬马，没有治国的英明方略，信任的是油嘴滑舌的家伙，贤德之士不被重用；官吏为了自己的私利，不忠于职守，对君王花言巧语，对百姓盘剥压榨。对于社会的种种弊病，他有切身的感受，他知道韩国已经危机重重了。

奋笔直书

韩非子满腔热情地向韩国的国君上书，指出国内政治混乱不堪，赏罚不合理，臣子犯罪而君王不追究，当权的人自作主张结党营私，贤明、有功的人得不到任用，买官卖官……这些问题必须解决。

韩国的君王是个昏庸的家伙，听不进韩非子的意见。国家很好啊！哪里有这么多麻烦！

连续几年，韩非子一次又一次上书，提出改革的建议，话锋越来越犀利。他建议用法制治国，君王管束臣子，重用贤人，才能富国强兵。他斥责文人宣传儒学，扰乱政治，江湖武侠到处闹事，他认为必须改变这种乱糟糟的状况。

韩非子的意见惹得君王满心厌烦。君王觉得韩非子无事生非，危言耸听。

韩非子感到很委屈，我说的都是肺腑之言，都是为了

智慧先哲

大王，为了国家啊！看看周围，秦国连续发动战争，连连取胜，实力锐不可当，韩国要是不求强盛，还有容身之地吗？国内如此混乱，为什么君王不相信我的分析？听不进我的意见？

韩非子拿起笔，写下自己的感触。什么人对国家危害最重？为什么国家争执不断，纷争动乱？按照孔子、孟子那些学者的说教，实行仁义，能让国家强盛、百姓安宁吗？他鲜明地提出，必须"以法为教，以吏为师"，禁止空谈，在国内推行严刑峻法，该重赏的重赏，该重罚的重罚，才能国富兵强。

不知不觉，他写完了长长的一篇，足足有一万多字。这篇文章起什么名字呢？他翻阅写好的文章，文章痛斥五种危害国家的人，就像是五种蠹（dù）虫，即五种蛀虫。它们啃吃书籍，蛀咬梁柱。于是，韩非子在文章前面重重地写下"五蠹"两个大字。

《五蠹》是韩非子的政治宣言，也是他最重要的著作。韩国的君王却不以为然，懒得去看。

难啊！我的意见说得这么明确，还是不能引起重视！韩非子深为感慨，有智谋的人指出社会的弊病，提出强国的道路，当权者却一心为了私利，根本不考虑国家的安危。有智谋的人和当权的大臣，真像是水与火一样不能共存！

有智谋的人不受重用，地位卑微，当权者则蒙蔽真相，结党营私，骗取君王的信任，大权在握，然后将有智谋的人污蔑为罪犯，要么抓起来杀头，要么派走狗爪牙前去暗杀。当权者的权势越来越强，君王的地位也就越来越低下。

朝廷里充斥着愚蠢无能、贪污腐化的蛀虫。他们要的是官职爵位，追求的是富贵，勾结的是同党，与君王的利益格格不入。大臣权势太重，欺骗君王，搜刮百姓，扰乱民众，是国家的祸患。这样下去，国家怎么能不灭亡？这篇文章写得极其沉重，题目为《孤愤》，恰如其分地说明了韩非子的心情。

韩非子的上书、文章迅速流传到各国，特别是《五蠹》和《孤愤》等名篇。有人读完拍手叫好，赞叹写得真实，骂得痛快，有人读完咬牙切齿，破口大骂，甚至想要报复韩非子。韩国的国君还是不以为然，依然不愿意听取韩非子的意见。

韩非子已经四十多岁了，仕途还是一纸空白。他把自己的主张、见解写成一篇又一篇的文章。他感叹要说服君王，就必须知道君王的心理、愿望；要取得君王的信任，只能曲意逢迎，就是中肯的意见也不能坚持。君王高兴的时候，看着什么都好；君王不高兴的时候，看着什么都不好。敢于反对君王的人，必然会被杀害。韩非子长长地叹

着气，给这篇文章写下标题：《说(shuì)难》，说服君王，难啊！

韩国老君王去世了，新即位的国君对韩非子有好感，请韩非子进宫，想听听韩非子的意见。遇到这样难得的机会，韩非子迫不及待地说出自己最大的忧虑。他说，眼下天下最强大的是秦国，秦国如狼似虎，连年发动战争，想要扩大领地，而韩国位于秦国东边，正好挡住了秦国进攻中原的道路，必然会成为秦国的首要目标。论军事实力，韩国无力与秦国抗衡，只有想办法与秦国联合，才能自保。韩国的国君非常赞同韩非子的见解，这也是他最发愁的事情。

韩国国君很欣赏韩非子，多次和他谈话。从此，韩非子生活有了改善。但是，怎么才能保护韩国？他绞尽脑汁，想不出好办法。

秦王发现了一个人才

秦国的国君只有二十多岁，是个雄才大略的人物。他野心勃勃，一心一意想用武力统一中国。

一天晚上，秦王无意中翻到一篇文章，觉得很有意思。文章说，如果今天还有人称颂尧、舜、禹，那就要被

新时代的圣人耻笑；不能照搬古人，不能墨守成规；须考察、研究当下的国情，制定法令。秦王点点头，轻轻地说："对。"

文章说，刑罚轻微，并不是仁慈；刑罚严厉，也不是凶狠，都是适应社会的情况。古代讲道德，后来讲智谋，现在，靠的只有实力！读到这里，秦王重重地拍了一下案几："说得好！"

文章说，奖赏要优厚，让百姓得到利益；刑罚要严厉，让百姓畏惧；法律要统一，让百姓人人都知道。秦王读到这里，笑了笑，说道："和我想的一样！"

文章严厉地斥责舞文弄墨的儒生、挎刀带剑的武侠、一心发财的商人、战场上的逃兵、油嘴滑舌的说客，说这是五种害虫，不除掉这五种人，国家怎能不灭亡？文章说，以法律进行教育，用官吏作老师，以杀敌为勇敢，就能国富兵强，称王称霸！秦王读着，大声说："说得好！"

秦王又读了《孤愤》等文章，长长地叹着气，说："天啊，如果能见到这位作者，和他交谈，我死而无憾！"

廷尉李斯笑眯眯地报告说："这些是韩非子的著作，此人是韩国的公子，跟我也有同窗之谊。"

"立刻把他找来！不管用什么办法，把他弄过来！"

秦国立刻派出大军，冲进韩国的国境，扬言如果不交

智慧先哲

出韩非子，就踏平韩国！

韩王急忙派人找来韩非子，将他交给秦军，以保韩国的安全。

秦王见到韩非子，高兴极了，急忙向他请教治国方法。

这个问题，韩非子想得很多很多。他主张，要实行中央集权，把大权集中在君王一个人手里。君王要有绝对的权威，要独断，要控制，臣下对君王要忠诚，要服从。不听从的，要除掉！

韩非子说，治理天下，要用法、术、势。法，就是法制；术，就是手段；势，就是权势。要提防臣下，用人办事要诡秘。

韩非子没有向秦王讲到应该保护韩国。他想，这是第一次见面，要先让秦王信任自己，以后再逐渐说服秦王。他把中央集权、专制统治的治国理念讲得有声有色。他看得出来，秦王对这套理论极其欣赏，一定会实行。

秦王边听边点头，连声说好。他派人把韩非子送到驿馆，送来美食美酒、锦绣衣服，高车骏马，高规格地款待韩非子。

悲剧人生

李斯见到老同学韩非子如此受重视，心里酸溜溜的。他看得出，韩非子的才华学问比自己高明得多！他想，虽然现在秦王还没有给韩非子封官，但韩非子这么有本事，跟秦王这么聊得来，将来说不定要做多大的官！那时候，我的官职，我的前途……不行，得想办法除掉他！

韩非子来到秦国以后，连日连夜写出《存韩》，送给秦王。劝说秦国全力攻打赵国，联合韩国，保存韩国。秦王看完，把李斯叫来，说："这是你的好同学写的，你看看是否可行？"

李斯匆匆看完，摇摇头说："我不同意。韩国是秦国的心腹病患，如果韩、楚联合起来攻打秦国，各国响应，秦国就危险了。韩非子辞藻华丽，可是他内心诡计多端。他是韩国公子，为的是韩国而不是秦国。他终究是个祸患，不如把他杀掉。"

灭韩，是秦国既定的国策。韩非子为韩国说好话，秦王心里很不痛快。他微微点头，说："把他关起来，严厉审问。"

就这样，韩非子被关进了大狱，李斯奸计得逞，自然要尽快下手，免得秦王改变主意，于是当晚就将韩非子毒死了。

智慧先哲

那天晚上，秦王一直没睡着。他翻来覆去，想着，韩非子是个难得的人才，不重用他，还可以留下他，听听他的见解。于是下令将韩非子带来，可韩非子哪还有命来见他？

韩非子死后的第二年，秦国大军出动，只用了几个月的时间，就荡平了韩国。

随后的八年里，秦国灭亡赵国、魏国、燕国……最终统一中国。秦王自称为"秦始皇"。他遵循的正是韩非子的中央集权、专制统治，全套的法、术、势。韩非子继承并发展了法家思想，形成了完整的理论。在中国封建社会两千多年里，历朝历代的统治者，实行的正是韩非子的主张和观念。

后人把韩非子的多篇文章著作搜集起来，编成《韩非子》，全书十多万字，流传很广。

韩非子的许多文章，既是观点鲜明的政论，又是文辞优美的散文，论点、论据严密完整，旁征博引，丰富多彩，并穿插着有趣的小故事。韩非子是语言大师，有学者统计，韩非子创造的成语有七十多个，这些成语流传了两千多年，直到现在还经常被人们使用，成了中华民族传统文化中的精华。学者称赞说，韩非子不仅是一位思想家，也是一位有成就的文学家。

〔春秋〕老子　〔春秋〕孔子　〔战国〕孟子　〔战国〕庄子　〔战国〕韩非子　〔西汉〕董仲舒　〔南北朝〕范缜　〔南宋〕朱熹　〔明朝〕王守仁　〔明末清初〕黄宗羲

/知识链接

韩非子的名言

人处疾则贵医。

以子之矛，陷子之盾。

战阵之间，不厌诈伪。

长袖善舞，多钱善贾。

世异则事异，事异则备变。

夫严家无悍虏，而慈母有败子。

右手画圆，左手画方，不能两成。

宰相必起于州部，猛将必发于卒伍。

狡兔尽则良犬烹，敌国灭则谋臣亡。

不吹毛而求小疵，不洗垢而察难知。

明法制，去私恩。夫令必行，禁必止。

千丈之堤，以蝼蚁之穴溃；百尺之室，以突隙之烟焚。

内外相应也，言行相称。

明主之道，必明于公私之分。

家有常业，虽饥不饿；国有常法，虽危不亡。

《韩非子》中的成语

一鸣惊人　自相矛盾　郑人买履

长袖善舞　吹毛求疵　滥竽充数

轻举妄动　靡靡之音　提纲挈领

危如累卵　唯唯诺诺　忠言逆耳

优柔寡断　赤地千里　国富兵强

视死如归　买椟还珠　守株待兔

道不拾遗　老马识途　负薪救火

孤掌难鸣　汗马功劳　良药苦口

兵不厌诈　盖世无双　故弄玄虚

见微知著　论功行赏　远水不救近火

董仲舒

姓名 / 董仲舒

史称 / 董子

朝代（时期）/ 西汉

出生时间 / 公元前 179 年

逝世时间 / 公元前 104 年

主要成就 / 提出"罢黜百家，独尊儒术"的主张，使儒学逐渐成为封建社会的正统思想

代表作品 /《春秋繁露》

董仲舒是西汉重要的思想家、哲学家。他大力宣扬孔子的儒学,创立"天人感应"的学说,宣扬皇帝受命于天,代表天的意志。董仲舒使儒学成为占据统治地位的意识形态,成为统治阶级的理论基础。他重视教育,主张大力兴办官府和民间的学校。

壹 生于西汉大地主家庭,自幼接受良好的教育。

贰 沉迷读书二十余年,后开办私学,求学者众多。

叁 上书推动汉武帝"罢黜百家,独尊儒术"。

肆 研究《春秋》及各种天灾、异象,得罪汉武帝。

伍 告老还乡,著书立说,兴办学校,重视教育。

迷恋《春秋》的少年

董仲舒出生于公元前179年。这一年，把持西汉王朝政权多年的吕氏家族倒台，中央政权回到刘邦的后代汉文帝刘恒手里，社会逐步恢复太平。但北部边境不断受到关外匈奴的袭击、侵扰，国内各地豪强兴起，同样威胁着中央政权的稳定。当时，占统治地位的思想是黄老学说，主张"无为而治"，政策宽明，却缺乏强有力的统治。

董仲舒出生在广川郡的一个大地主家庭，家里的土地一眼望不到边，牛羊成群，生活富裕，还有丰富的藏书。历史书、诸子百家的著作，堆满了层层书架。

董仲舒的父母很重视对孩子的教育。他们聘请名师，教导孩子认真读书。广川位于华北大平原南部，历史上就是文化繁荣的地方，距离孔子的家乡不远。

董仲舒从小接受的教育，以孔子的儒学为主。他学得最多的是孔子晚年整理、编纂的历史名著《春秋》。这篇名著只有16000多字，记录了从公元前722年到公元前481年之间共242年的历史大事，内容简明扼要。如果不仔细研

智慧先哲

究，就不容易读出其中的含义。不少人争相为《春秋》作注释说明，因此研究《春秋》逐渐成了一门深奥的学问。

董仲舒从小就痴迷于《春秋》。他反复诵读，认真思索。究竟这一年发生了什么事情，孔子是怎样写的，说明了什么意思，别的学者又是怎么写的，互相之间有什么相同、不同，为什么不同，自己应该怎么看。他细心琢磨，在学习中找到无穷的乐趣，对孔子也越来越尊敬、崇拜。

董仲舒迷上了读书，对其他事情就不再那么上心，经常忘记吃饭、睡觉。有时家里人连着叫几次，他才从书房里慢腾腾地走出来。等饭菜吃到嘴里，却不知道是什么滋味。董仲舒经常胡乱吃两口，就又急忙回到书房。

〔春秋〕老子 〔春秋〕孔子 〔战国〕孟子 〔战国〕庄子 〔战国〕韩非子 〔西汉〕董仲舒 〔南北朝〕范缜 〔南宋〕朱熹 〔明朝〕王守仁 〔明末清初〕黄宗羲

董仲舒的父母看到孩子这么爱学习，开始的时候很高兴，后来却发了愁。怎么能让孩子多活动活动，游玩欢笑呢？他们在后院修了个大花园，栽满奇花异草，并在小湖边修起凉亭。父母说："花园修好了，你去玩玩吧。"董仲舒答应着："好，好，就去就去。"可是他连头也不抬一下。

第二年，姐姐说："花园里的花开了，跟我一起去花园吧！"董仲舒连声说道："行，行，我读完这一段就去。"可是他一步也没有迈出去过。

第三年，许多亲戚朋友来到花园，个个夸奖花开香艳，鸟鸣清脆，湖水清清亮亮。但游玩的人群中，还是没有董仲舒。

董仲舒连续三年没有去过花园，会不会读成书呆子？家里人观察董仲舒，发现他说话、走路、待人接物都彬彬有礼，很有风度，这才放心了。董仲舒觉得自己能在书中学到许许多多的学问，比逛花园有意思多了。

董仲舒连续读了二十多年书，明白了很多事理。他三十岁的时候，决定在家里办学，招收学生。来求学的人有本村本乡的，也有百十里地之外的。大家听说董仲舒有学问，都愿意来他这里上学。可是，董仲舒从来不站在讲堂上，而是坐在一幅布幔子后面，慢条斯理地讲课。一年到头，学生也看不见自己的老师。学生看不见老师，却没有一个人在上课的时候低头玩耍，更没人逃学，因为这个怪老师讲得太精彩了。董仲舒成了远近闻名的博士，一年又一年，他的学生越来越多，他的名声也越来越大。

上书汉武帝

刘彻当了皇帝，就是汉武帝。他是个有事业心的皇帝，很想有一番作为。刘彻即位之初，向天下发出通告，征求治国的方略，保证给有才学的人高官厚禄。很多人来到国都长安，把自己的主张写下来，呈给皇帝。汉武帝认真读着这些文章，有时也会亲自接见文章的作者，听他们讲治理天下的主张。庄助、朱买臣、东方朔、司马相如等名人就是在这种情况下得到皇帝的赏赐并顺利步入仕途的。

这一年，董仲舒三十九岁，他也来到了长安。对于治国方略，他的回答与众不同。汉武帝的第一个问题是天命和社会的关系，董仲舒在上书中写道：要顺从天意；为君为官心要正，行为要正；要教化民众；要大力改革，消除弊端。

看着这篇文章，汉武帝非常满意，接着让他谈天下大事。董仲舒批判和贬低流行的黄老学说和法家学说，大力提倡孔子的儒学，提出兴办教育，开办学校，不能只让富

人和大官的后代当官，要选择贤人入仕。

汉武帝的第三个问题，是天和人的关系。董仲舒在文章中说道，天和人互相感应，水灾、旱灾就是天对人世的警告。天的意志是不会变的，天下要统一，皇帝代表天进行统治。

董仲舒的这三篇文章，叫做"天人三策"，非常符合汉武帝的心意。改变西汉实行了几十年的国策，加强统治，实行中央集权，推行"罢黜百家，独尊儒术"。这一切行动，董仲舒都用理论进行了论述，说这都是上天的意志。汉武帝决定重用董仲舒，把他派到江都给自己的哥哥易王

智慧先哲

刘非当丞相。

易王对董仲舒十分尊重，江都又是个富庶的地方，丞相职位高，待遇好。董仲舒很得意，在此继续钻研学问。汉武帝遇到难题的时候，也会听取董仲舒的意见。

董仲舒认真研究《春秋》，成了当时的权威。他还热衷于研究阴阳、各种天灾，说自己能指挥天地的阴阳变化。江都一带干旱无雨，董仲舒便亲自求雨。他跪在祭坛上，虔诚地向上天祷告，祈求降下雨水。雨水连绵不断时，他跪在雨中，口中念念有词，祈求驱散乌云，停止降雨。有几次，他求雨以后果然下起了雨，连阴之后真的晴了天。董仲舒说，这是他的功劳，他能求雨，也能驱雨。人们把董仲舒说得越来越神，说他能呼风唤雨，改变阴阳。

辽东的高庙着了火，紧接着，长安祭祀皇帝祖先的陵园也发生了火灾。董仲舒在屋里掐着手指头推推算算，根据他的"天人感应"理论，发生火灾，是上天对当今皇帝的所作所为不满意，于是用火灾惩罚人间。他把这些意思写出来，措辞非常尖锐。文章还没写完，恰好大臣主父偃前来拜访，董仲舒连忙迎接，没来得及收拾好文稿。主父偃在书房里见到这份材料，偷偷地藏起来，随后回到长安报告了汉武帝。

汉武帝大发雷霆，大喊大叫："这简直是造反，是跟我

了不起的中国历史人物

作对。"他命人把董仲舒捆起来,立刻斩首示众。好多高官求情,说董仲舒一向规规矩矩,研究学问,这是一时说错了话,不能杀啊。汉武帝想了想,说:"那就不要杀了,他的官也别想当了!"

董仲舒保住了脑袋,却吓出一身冷汗。从此,他再也不敢研究灾异,不敢多说了。

后来,汉武帝派董仲舒给胶西王刘端当丞相。刘端也是汉武帝的哥哥,为人凶狠,脾气暴躁,连着杀了几个顶撞他的大臣。有人说,董仲舒也活不了多久了。没想到,董仲舒接受了教训,在胶西王面前毕恭毕敬。胶西王听说

智慧先哲

董仲舒是个大学问家，也客客气气，十分照顾他。董仲舒心里害怕，担心说不定哪天会出事，于是称自己日渐衰老，身体多病，请求告老还乡。

从此以后，他闭门不出，待在家里著书立说。董仲舒在家乡收了一些学生，继续教学。朝廷遇到大事，派人来询问他的意见。董仲舒却极为谨慎，敏感的话一句也不说，只是说要兴办学校，重视教育。

独尊儒术

西汉建立之初，汉高祖刘邦吸取秦朝的教训，决定不再执行秦始皇的那一套政策，开始实行"与民休息""无为而治"的"黄老政治"，减轻刑罚，清静无为。

之后的几十年里，西汉的经济得到了恢复和发展，国家也变得更加富强，但随之也出现了新的问题：诸侯、贵族势力膨胀，威胁着中央政权；北方的匈奴日渐强盛，不断侵扰汉朝边界，杀人抢财；大量农民流亡……继续执行黄老政治，会给社会的稳定、发展带来许多麻烦，对社会发展非常不利。

针对这种情况，董仲舒提出的"罢黜百家，独尊儒术"，得到了汉武帝的认可。

董仲舒大力宣扬孔子的儒家学说，赞美孔子的《春秋》是"天地之常经，古今之通谊"，是最伟大的经典、最重要的理论。不符合孔子学说的，要断绝他们的道路，不让他们到处宣扬。消除了这些胡说乱道的学说之后，天下所有的事情就都有了规矩。

董仲舒多次提出，大力兴办学校，向全国人民推广教育，认真学习孔子的主要作品，吸取儒家学派有益的教育理念，这样，人们就不会学坏。董仲舒还建议从读书人里面选择有才有德的贤人当官。

董仲舒主张各级官员在审理各种大小案件的时候，应该按照孔子在《春秋》中体现出来的思想。给罪犯定罪量刑的时候，哪些要轻判，哪些要重判，都必须符合孔子的教导，把孔子的儒学凌驾于法律之上。这套办法被称为"春秋决狱"，又称"经义决狱"。

董仲舒进一步发展了孔子的主张，提出"三纲五常"，"三纲"指的是君为臣纲，父为子纲，夫为妻纲。臣下要绝对服从、拥护君王，儿子要绝对服从父亲，妻子要绝对服从丈夫。"五常"是仁、义、礼、智、信。三纲五常成了当时道德、法制的基本原则和社会的行为准则。

董仲舒提出的许多主张被汉武帝认可并积极地采用，从此以后，孔子的儒家学说就成为了中国封建社会的统治

思想，成为经学、官学、国学。

天人感应

天是什么？

天是大自然的天，抬起头来，就能看见蓝蓝的天。天上有白云，有雨雪，有彩虹，有闪电。每年有春夏秋冬，每天有日出日落，天上有太阳、月亮，有闪烁的星星……

但是，为什么会有太阳、月亮？为什么会有日出日落？为什么会刮风下雨？为什么有春夏秋冬？天上的星星是什么？天，究竟是什么？从古至今，人们都一直在思索着这些问题，久久找不到满意的答案。

有些人认为，天，是最大的神，也是地位最高的神，无处不在的神。太阳、月亮、星星，都是遥远的天神。天，创造了世界万物。天有喜怒哀乐，春雨是天给人带来的吉祥，打雷是天在发怒。干旱、洪涝、疫病，是天给人世的惩罚……于是，人们恭恭敬敬地祭祀天神，磕头、祷告，献上牛羊、水果、糕点，把全部希望都寄托在老天爷的身上。在自然的天之外，有了神明的天、意志的天。

孔子无法解释自然界里许许多多的事物，不愿意谈论妖怪和神仙。董仲舒超过了孔子，系统地论述了神明的天、

意志的天，并在此基础上创造了"天人感应"的理论，集中表现在他的著作《春秋繁露》里面。

董仲舒认为，天是神，天有意志，天创造万物，养育万物。天创造粮食蔬菜，是赐给人类的食物。天的心，是"仁"。天用灾害和异常来警告人，表达自己的意志。办了错事，天发怒发威，谴责人们。人和天是相通的，春夏秋冬，是天在表达自己的喜怒哀乐。人是天造出来的，人必须顺从天。

上天任命皇帝作代理人，皇帝是天的儿子，所以叫"天子"，受命于天，代表天来治理世界。国家听从皇帝，就是顺从天意。"王"字有三横，从上到下是天、人、地，当中的一竖是"道"，是天理，合起来就是"王"。暴虐无道、好战杀生的皇帝让百姓无法生活，天就会降下灾难警告、惩罚。天子不能奉行天命，就应该把他废掉。

董仲舒创立的天人感应理论，给统治者披上了神秘的外衣，符合封建皇帝统治的需要，被历代统治者推崇。

公元前104年，董仲舒去世，享年七十五岁。他的儿子、孙子和学生，不少人都当了大官。据《汉书》记载，董仲舒的著作共123篇。流传到现在的，只有《天人三策》《士不遇赋》《春秋繁露》，共8万多字，其余的都不幸散失了。

/知识链接

董仲舒的名言

常玉不琢,不成文章;君子不学,不成其德。

大富则骄,大贫则忧,忧则为盗,骄则为暴,此众人之情也。

匿病者不得良医。

仁之法,在爱人,不在爱我;义之法,在正我,不在正人。

至廉而威。

春秋大一统者,天地之常经,古今之通谊也。

古之天下,亦今之天下;今之天下,亦古之天下。

范缜

姓名／范缜

字／子真

朝代（时期）／南北朝

出生时间／公元450年

逝世时间／公元515年

主要成就／批判佛教神不灭论，对无神论思想的发展具有积极的影响

代表作品／《神灭论》

范缜是南北朝重要的哲学家、唯物主义思想家。他自幼刻苦勤学，继承中华民族优秀的文化传统，坚定地宣传无神论，驳斥"灵魂不灭"等错误思想。他面对威胁、利诱，坚持真理，从不动摇。他的著作《神灭论》旗帜鲜明，说理透彻，对后世产生了重大的影响。

壹 生于南北朝战乱时期，自幼家境衰微。

贰 师从大学问家刘瓛，潜心苦学十余年。

叁 受梁武帝赏识，官居高位，清正廉洁，工作勤勉。

肆 创作《神灭论》，贬斥盛行全国的佛教思想。

伍 受众人口诛笔伐，最终"辩摧众口，日服千人"。

了不起的中国历史人物

穷且益坚

范缜出生于南北朝时期,南乡舞阴(今河南泌阳)人。他出生的时候,刘宋王朝和北魏王朝正处于激烈的交战中,北魏军队攻到范缜家乡附近,直逼长江。两支军队你争我夺,战乱不断。

范缜的先祖是晋朝的名将范晷。后来范缜的家族虽然逐渐衰落了,但认真读书求学的良好家风被一代代传承了下来。范缜年幼时,父亲病故,家境越来越艰难。范缜与母亲相依为命,对母亲非常孝顺、尊敬,附近的人们都称赞范缜。

再穷再苦,也要读书。母亲把范缜送到几百里外的相县,拜刘瓛(huán)为师。刘瓛是远近闻名的大学问家,许多人慕名而来,想追随他学习。但刘瓛对学生的选拔很严格,调皮嬉闹、笨头笨脑的孩子,他一个都不收。他听说门外来了一个衣着简朴的孩子,便把他叫进来,连着提了几个问题。没想到,只有六七岁的范缜,对老师恭敬有礼,回答问题时不慌不忙,口齿清楚,有条有理,一看就是受

智慧先哲

过良好家教，懂礼貌，爱读书的好孩子。刘瓛当即宣布：这个孩子，我收了！

　　同学里面有不少是高官显贵的子弟，穿的是绸缎，吃的是大鱼大肉，出门骑着骏马，傲气十足，但是学问平平常常。范缜身上穿的是布衣服，脚下是草鞋，从住的地方到学馆，要背着装书本笔墨的小包袱，一步一步走过去。尽管范缜穿着俭朴，却干干净净，他吃饮简单，却身材匀称。范缜在同学面前没显露一丁点的自卑。他把全部精力用于学习，不是埋头默默读书，就是沉思答卷。讨论问题

〔春秋〕老子　〔春秋〕孔子　〔战国〕孟子　〔战国〕庄子　〔战国〕韩非子　〔西汉〕董仲舒　〔南北朝〕范缜　〔南宋〕朱熹　〔明朝〕王守仁　〔明末清初〕黄宗羲

时，范缜经常有独到的见解，而且他口才好，善于辩论，谁也难以驳倒他。论成绩，范缜远超所有同学，但他对同学温文有礼，没有骄矜之色，也从不招惹是非。那些身份显贵的同学对他疏远冷落，却从来不敢轻视他，更不敢欺负他。老师刘瓛特别看重他。

范缜年满二十岁，行成人礼的时候，刘瓛亲自给他戴上表示成年的帽子。刘瓛很喜欢这个学生，因为这样的学生真是太少见了！

跟随老师学习了十几年，范缜的学问大有长进。他的朋友不多，最好的朋友就是他的表弟萧琛。萧琛出身豪门，对表哥十分佩服，两个人无话不谈。

佛教盛行

南北朝时期有一个特点，就是民众普遍崇信佛教。城市乡村，到处是围着红墙的寺庙、高耸的佛塔，供奉的香火烟雾缭绕。佛教的势力很大，披着袈裟的和尚滔滔不绝地宣讲佛法，金光闪闪的佛像、菩萨下面，黑压压的人群跪拜磕头。很多人迷信佛教，有的甚至把自己仅有的一点钱财、一袋粮食捐给寺庙，祈求保佑自己平安。

东汉王朝时，佛教从遥远的印度传入中国。开始的时

智慧先哲

候，佛教宣传行善，影响不大，信徒不多。后来，越来越多的佛经被翻译成中文，大大小小的寺庙在城乡建立，佛教的影响越来越大。

南北朝时期，国家分裂，战乱不断，兵匪横行，杀人抢掠，到处呈现出一片颓败的惨象，而且多次爆发恶性传染病，民众难以生存。为什么生存这样艰难？为什么会遭受灾祸？怎样才能脱离苦海？人们找不到出路，而佛教给人们带来了虚幻迷茫的希望。于是很多人开始信奉佛教，把希望寄托在未来，希望来世能够幸福。

皇帝、贵族、官吏带头建寺庙，修石窟，大笔捐钱。他们请和尚到各处宣讲佛经，抄写佛经。黄河流域的北魏王朝，修建了工程浩大的云冈石窟，又在洛阳修建了龙门石窟。长江流域的南朝不甘落后，"南朝四百八十寺，多少楼台烟雨中"。都城洛阳城里，建康（今江苏南京）内外，一处处寺庙建造得富丽堂皇，一尊尊佛像金碧辉煌，百姓却穷得叮当响。

众多读书人也痴迷佛教，一心作善男信女，颂的是佛祖、菩萨，比的是念诵佛经，议论的是生死枯荣。他们经常聚在一起，眉飞色舞地讲说佛经，而中国的历史、文化、典籍、名著，都被弃置一旁。

佛教兴盛，严重影响了社会的发展。人们没有心思努

力生产，大量财富流入寺庙，经济一蹶不振，政治混乱，文化萧条。

也有一些人不相信佛教，不相信鬼神，斥责佛教从外国传来，是无知妄说。他们说孔夫子就不信鬼神。有一位叫阮瞻的学者还写了一篇《无鬼论》，和那些迷信佛教的人辩论。但是他势单力薄，论述又缺乏力量，难占上风。

范缜从小学的是传统的孔孟儒学，他不相信佛教，不同意灵魂不灭的观点。

花园里的辩论

范缜三十岁时，南齐王朝建立，皇帝听说范缜很有名气，命他担任了一个低微的官职。范缜做事认认真真，却没有受到重用。

范缜到过不少地方，作为使节，曾经去过黄河流域的北魏。他的才学和名气逐渐被大家熟知，同时，对于佛教的危害他也有了更深入的了解。

在南齐王朝，有沈约、萧琛、王融、萧衍、谢朓(tiǎo)、范云、任昉、陆倕(chuí)八位有才学的年轻人，他们经常聚在一起，或讨论文学创作，互相交流自己的作品，或春游登山，欢宴饮酒，议论天下大事，被称为"竟陵八友"。

智慧先哲

八友中，沈约的诗写得好，文辞清秀；年轻英俊的萧衍富有文采，又能领兵打仗，引人注目。范缜虽然不是八友之一，却经常接到邀请，一同参加他们组织的活动。但八友有时也会组织一些佛事活动，邀请高僧宣讲佛法，诵读佛经。每当这时，范缜总会找个理由推辞不去。大家敬重范缜的才学，也不怪他。

萧子良是南齐王朝有权有势的王爷，经常邀请名人到他的府邸聚会。他家的花园在建康鸡笼山下，流水潺潺，花香扑鼻。花园里摆着瓜果，杯子里斟满美酒。能接到王爷的邀请赴宴，是一件很荣耀的事情。竟陵八友是萧子良座上的常客，范缜也多次接到邀请。聚会时，大家经常兴

高采烈地讲述因果报应的奇迹，称颂佛祖、菩萨显灵。请著名的高僧来宣扬佛法，也是不可或缺的节目。萧子良恭恭敬敬地跪拜行礼，弯腰屈膝，奉上香茶，滔滔不绝地讲因果，说报应。范缜听着，从来都不附和，不响应，只是默默地摇头。

萧子良早就听说范缜不信佛，不相信因果报应，看到范缜冷冰冰的态度，心里很不高兴。他转过身来向范缜问道："先生不相信因果报应，那为什么有的人富贵，有的人贫贱？"

范缜不慌不忙地回答："人生如同这棵树上的花朵，同时开放，随风飘落。有的花飘过帘幕，落在地毯上面；有的穿过篱笆，落进粪坑。落在地毯上的，如同王爷您；落在粪坑里的，就是我啊。人即使有高低贵贱之分，也不能说是因果报应啊！"

萧子良听了，张口结舌，没法反驳，十分尴尬。

范缜的回答，使得花园里一片寂静。

我不会出卖自己的主张

范缜想，我要把自己的主张说出来，写出来，让更多的人知道，让他们不再信佛。

智慧先哲

他认为，人有形体，有头颅、躯干、四肢，有精神，有喜怒哀乐。形体和精神是在一起的，没了身体，哪里有精神？怎么有喜怒哀乐？就像一把刀，锋利是刀的性质，没有刀，哪里谈得上锋利？锋利怎么存在？没有刀的形体，难道精神能存在吗？

范缜的言论传出来，很多人大惊失色，这不是把灵魂不灭、因果报应、人世轮回全都否定了吗？这是和佛祖的伟大教导作对啊！这个范缜，胆子太大了！

王琰是朝廷的大官，他决定好好教训教训范缜。他写文章驳斥范缜，还把范缜找来，连讽刺带挖苦地说："哎呀，范先生啊！您连自己祖先的神灵在什么地方都不知道！"

范缜冷冷地回答："哎呀，王大人啊，您明明知道自己的祖先在什么地方，怎么不去追随您的祖先呢？"

王琰哑口无言。

萧子良派竟陵八友之一的王融找到范缜，传达自己的意思："你讲的那些是没道理的。如果你继续坚持，就会给社会带来混乱。像你这样有才华、有能力的人，还发愁当不了中书郎吗？"

中书郎是不小的官，这是明明白白地告诉范缜，他只要不和佛教作对，就一定能升官发财。

范缜和王融关系不错，听了这些话，范缜不禁笑了：

"我范缜要是出卖自己的见解，早就当上大官了，何止一个中书郎！"

萧子良无可奈何。

公元501年，萧衍发动兵变，讨伐南齐王朝。南齐王朝腐败不堪，迅速土崩瓦解。正在家里为母亲服丧的范缜立刻响应。萧衍建立梁朝，当上了皇帝，他就是梁武帝。萧衍决定重用范缜，任命他为晋安太守，镇守福建。这时，范缜已经五十一岁。

范缜担任太守，为官清廉，生活节俭，除了领取俸禄，没有多占一文钱。四年期满，他把自己所有的财产留下，赠给继任的官员，两袖清风，离开福建。

回到国都建康，范缜担任过中书郎、国子博士等职务，工作勤勤恳恳，但是与皇帝萧衍产生了重大分歧。萧衍越来越痴迷佛教，说佛教是天下唯一的正道，下令全国上下臣民都要信奉佛教。他建立规模宏伟的寺庙，大量赏赐国库的金银，请高僧在朝廷讲经说法，还多次率领上万名文武官员到寺庙磕头发愿。和尚们到处鼓吹"精神不灭，人可成佛"，闹得乌烟瘴气。

范缜不相信佛教，坚持神灭论的主张，对于萧衍的种种作为很不赞成。范缜经过多年努力，他的代表作《神灭论》终于在公元507年初步定稿，逐渐为世人所知。这时范缜已经五十六岁。

《神灭论》

《神灭论》是范缜的主要著作，全文只有三千多字，内容却很丰富。它系统地论述了无神论，主张物质是第一性的，精神和身体是互相结合的统一体，人的精神附属于人的身体，没有独立于形体之外的灵魂、精神，驳斥了"神不灭""灵魂永存"的谬论，揭穿了佛教的谎言，也谴责了当朝皇帝、贵族佞佛造成的社会危机。

《神灭论》共分为31段，每段一问一答，论述一个问题。

首先，讲形和神的关系。范缜指出，形体存在，精神才存在。形体衰亡，精神也就灭亡，两者不能相离。精神和形体，就像刀刃和锋利的关系一样。离开了刀刃，就无所谓锋利。

范缜说，人和树木不同，树木没有知觉，人有知觉。人死了也就没有了知觉。精神分为感觉和思维，依靠感觉，知道痛痒；凭借思维，可以辨别是非。

当时，医学和生理学还不发达，人们认为负责思考、辨别是非的是心脏，不知道大脑是神经中枢。范缜也这样想。他还认为杰出的圣人不仅在道德上超过普通人，身体

的器官、构造也是特殊的。这些看法是错误的。

范缜尖锐地批评佛教的危害。他说，人们倾家荡产去拜佛，给和尚送上种种施舍，却不照顾自己的亲戚，不怜悯穷苦的人。只相信和尚说的，以为多施舍财物，将来就可以升天，却不知道救助世人的急难。这是自私，只知道为自己打算。和尚们用地狱的痛苦吓唬人，用夸大的言辞引诱人，用升天的欢乐招引人，却抛弃了中国的礼仪道德。男人都出家去当和尚，家家骨肉分离。国家没有官吏，军队没有士兵，家庭没有后代，粮食都被游手好闲的和尚吃得精光。这样的害处简直无穷无尽！

范缜说，万事万物的生成变化都是自然现象，要顺从自然。民众安心耕田，读书人生活朴素，粮食吃不完，衣服穿不尽，家家有余粮，生活安定，国家富强，这才是真正的大道理。

《神灭论》条理分明，说理透彻，狠狠地给了鼓吹佛教的舆论当头一棒。这篇文章迅速传开，在社会上引起巨大反响。很多人由此意识到了佛教的种种谬误，对佛经开始怀疑。

梁武帝萧衍很不满意，亲笔写下诏令《敕答臣下神灭论》，斥责范缜"妄作异端""违经背亲"，命令范缜服从佛教。他又写下《神明利佛义记》，大肆鼓吹佛教，号召臣民

百姓一心向佛。皇帝一声令下，大臣、和尚纷纷响应，广泛宣传皇帝的诏令，声讨范缜。一位有名的和尚、大僧正（南朝中央僧官的主官）法云写下《与王公朝贵书》，到处散发。六十多人口诛笔伐，写出七十五篇文章，来势汹汹，劈头盖脸地辱骂《神灭论》，对范缜横加指责，给他扣了一堆大帽子，说他"欺天罔上""伤风败俗"，要求取缔《神灭论》。范缜多年的好朋友萧琛也积极参与其中，写文章讨伐范缜。萧琛说，人睡觉时做梦，梦中有人有景，这不是说明精神可以独立在身体之外吗？

面对种种指责，范缜不以为意。文章虽多，却没有能讲出道理的。范缜继续修改自己的文稿，把论述文改成问答体：一位宾客提问，再由主人侃侃而答，一件件有理有据，讲得透彻清晰。

有人找上门来，和范缜当面辩论。来人七嘴八舌，大喊大叫，范缜沉着应战，据理力争，条条是理。几个回合下来，没有一个人能说得过他。有人被范缜说服，当场改变观点。能言善辩的曹思文，连续写出两篇文章反对《神灭论》。但当他和范缜当面交锋之后，连连叹气，承认自己既愚笨又浅薄，无法和范缜辩论。史料记载，范缜"辩摧众口，日服千人"，成为胜利者。

范缜多年为官清廉，为人正直，反对他的人抓不住一点把柄。梁武帝萧衍怒气冲冲，决定对他永不重用。

公元515年，范缜六十五岁，因病去世。他的文集共15卷，可惜已经失传，只有《神灭论》流传至今。

范缜坚持朴素的唯物主义观，是一位进步的哲学家。

当时的统治者迷信佛教，把社会搞得乌烟瘴气。范缜去世以后，梁武帝佞佛更加有恃无恐，亲自撰写佛教著作，上台讲经说法，带头不喝酒、不吃肉，甚至三次自我舍身为奴，赏给佛寺的金钱数以亿计。他荒唐为政，闹得国家贫困，政治腐败，最终出现空前的动乱，富庶的建康城变成一片火海。萧衍被乱臣侯景扣押，活活饿死，十多万人死于战乱，成为历史的悲剧。

/知识链接

范缜的名言

神之于质,犹利之于刃;形之于用,犹刃之于利。利之名非刃也,刃之名非利也。然而舍利无刃,舍刃无利。未闻刃没而利存,岂容形亡而神在。

神即形也,形即神也。是以形存则神存,形谢则神灭也。

知即是虑,浅则为知,深则为虑。

小人甘其垄亩,君子保其恬素,耕而食,食不可穷也,蚕而衣,衣不可尽也,下有余以奉其上,上无为以待其下,可以全生,可以匡国,可以霸君,用此道也。

朱熹

姓名 / 朱熹

字 / 元晦、仲晦

号 / 晦庵、晦翁

史称 / 朱子、朱文公

朝代（时期）/ 南宋

出生时间 / 公元 1130 年

逝世时间 / 公元 1200 年

主要成就 / 继承和弘扬了孔孟儒学，建立了宋代理学体系

代表作品 / 《四书章句集注》《周易本义》

朱 熹是中国古代儒学的代表人物之一。他一生坚持学习，系统地继承了孔孟儒学，并且以儒学为中心，创立了完整的理学体系，认为理是天地之间最重要的法则、规律。朱熹重视教育，兴办书院，多处讲学，并编写了多部著作，普及宣传儒学。

壹 生于南宋，自幼尚学，深受儒学影响。

贰 担任县官，整顿学校，做官期满，返乡求学。

叁 再任县官，修缮白鹿洞书院，使其成为著名学府。

肆 两度担任州官，想要大力整顿官府，却以失败告终。

伍 被诬为"伪学魁首"，著书立说，因病去世。

人皆可以为舜尧

1130年，南宋建炎四年，朱熹出生在南剑州尤溪（今福建尤溪）。这一年，金兵大举进攻南宋，一路烧杀抢掠，一直打到浙江沿海地带，百姓流离失所，叫苦不迭。

朱熹的父亲朱松是个小官，当过尤溪的县尉，他因反对秦桧卖国求荣，被罢免了官职，赶回了家乡。

朱熹出生时，左眼角上有七颗黑痣，好像是排列的北斗七星。人人都觉得奇怪。

朱熹的父亲很重视对朱熹的教育。朱熹五岁学习认字，读的第一本书是《孝经》，学习尽忠尽孝的道理。刚学会写字，朱熹就在书上写下"不若此，非人也"六个大字，把忠孝牢牢记在心里。

十岁的时候，朱熹第一次读到《孟子》，对它产生了浓厚的兴趣。他深知哲理意蕴的悠远深邃，圣人的伟大，也知道圣人跟平常人没什么两样，所以当他读到孟子的那句"人皆可以为舜尧"时非常高兴。他暗下决心，将来，我也

要做圣人！这个愿望伴随了他一生。

　　十三岁的时候，朱熹的父亲因病去世。临终时，他把朱熹托付给好朋友刘子羽，请他一定要把孩子教育成人。朱熹按照父亲的嘱咐，认刘子羽为义父。刘子羽也是一位有名的学者，为人正派、热心。他在自己家旁边盖了一处房子，用来安置朱熹母子。他把朱熹当成自己的孩子，照顾周到，且要求严格。

　　少年和青年时期，朱熹刻苦读书，养成了勤奋好学、认真钻研的好习惯。他不仅受到了系统的孔孟儒学教育，同时对各种学问都产生了兴趣。

　　朱熹一年年长大，南宋也在发生着巨大变化。南宋向大金屈辱求和，力主抗战的爱国大将岳飞被陷害致死。正直的人们对朝廷不满，却无能为力。朱熹的义父刘子羽、岳父刘勉之等人都是正直的读书人，经常议论天下大事。朱熹受到他们影响，赞同他们的观点，希望能有一番作为。

做小官，想大事

　　十九岁的时候，朱熹参加科举考试，成绩在考生中并不突出，但也算是进士出身了。三年以后，他再次参加考试，成绩中等，被派到同安县当主簿，管理社会治安，是

个小县官。朱熹很认真，到了县城，首先宣布自己的一套主张：讲究礼仪，改善风俗，惩治腐败，体贴百姓。他大力整顿县里的学校，拨款建房，修缮一新。他身为县官，却经常到学校讲课，讲孔子、孟子，旁征博引，滔滔不绝，要求学生尊敬圣贤，注重道德修养。他厌恶佛教，规定妇女不许出家当尼姑。有人说，这是个奇怪的小县官，官不大，心不小。

朱熹在同安县干了四年，做官期满，回到家乡。他看到很多人求仙拜佛，磕头烧香，花费大量的钱财进贡施舍，认为这是败坏社会风气，不利于国家兴旺，明确表示坚决反对。朱熹拜大学问家李侗为师，决心重新学习，深入钻研。这时，他已经三十一岁。

朱熹专心致志地钻研儒学，和朋友交流讨论，到书院讲学，学问有了很大的进步。不仅如此，他还时时关心国家大事，几次给皇帝上书，建议富国强兵，收复失地，坚决抗金，反对和议。他批评皇帝迷信佛教，批评官员腐败，态度鲜明。这些话皇帝都不爱听，于是没有给他任命任何官职。

十几年之后，皇帝想起朱熹，任命他担任南康县的县官。南康在鄱阳湖北岸，面临浩荡的烟波水面，北面是雄奇险峻的庐山，风景优美，物产丰富。朱熹到任以后，很

智慧先哲

想有一番作为。他四处走访，了解县情，主持兴修水利，救灾减税，同时大力办学。白鹿洞书院位于庐山脚下，已经残破不堪。朱熹拨款，建校舍，买图书，聘请名师，亲自制定书院的规章制度。很快，白鹿洞书院焕然一新，远近闻名，很多名人前来讲学。白鹿洞书院环境幽雅，学者云集，很快就成了江南著名的学府。

朱熹当着小官，却想着大事，办着大事。除了办理公务，朱熹最爱读书，把孔子、孟子的著作《论语》《孟子》读了一遍又一遍。他认为孔子整理、编修的《礼记》是极为重要的著作，特别是《礼记》的第四十二章《大学》、第三十一章《中庸》。他把这两章单独抽出来，说这是初学入门的必读书，并尊敬地称《大学》《中庸》《论语》《孟子》这四部书为"四书"，是儒学的经典，每个人都要读。从此，后世的读书人都从"四书"开始学习，并终身研习"四书"。

朱熹感叹，学习孔子、孟子的人太少了，圣人的学问没有广泛流传。他决心汇集多年来前人的研究成果，给"四书"作详细的注释和解说。经过多年辛勤的工作，朱熹写出了《四书章句集注》这部巨著，对"四书"逐篇逐段地进行了注解、考证、说明。

有了《四书章句集注》，难懂的古书变得明明白白，人们对孔孟思想更为了解。这部书成了所有学校的教科书，

〔春秋〕老子 〔春秋〕孔子 〔战国〕孟子 〔战国〕庄子 〔战国〕韩非子 〔西汉〕董仲舒 〔南北朝〕范缜 〔南宋〕朱熹 〔明朝〕王守仁 〔明末清初〕黄宗羲

了不起的中国历史人物

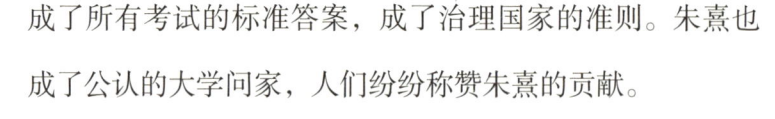

成了所有考试的标准答案，成了治理国家的准则。朱熹也成了公认的大学问家，人们纷纷称赞朱熹的贡献。

六十一岁的时候，朱熹升任福建漳州的州官。他整顿官府，兴办学校，还决定对所有的农田重新丈量，根据田地的多少决定税收，减轻广大农民的负担。地主们坚决反对这个决定，拒不执行，纷纷向朝廷告状。朱熹毫无办法，到任不到一年，便以儿子病故为理由，辞去职务，怏怏不乐地回到家乡。

朱熹六十四岁的时候，被任命为潭州的州官。他想好好干一场。首先大力整顿官府，惩治贪腐。很多官员表面上对他客客气气，却不听从他的指挥。朱熹为人耿直，对

智慧先哲

看不惯的事、贪腐的官，批评得很尖锐，得罪了不少人。朱熹在潭州只干了几个月，说话办事，没有人听，政务、军务依旧死气沉沉。只有湘江岸边的岳麓书院在朱熹的努力下变得生气勃勃。

朱熹做官不顺利，做学问的名气却很大，皇帝请他讲孔孟儒学。朱熹兴冲冲地来到国都临安，满心想着施展身手。他希望皇帝按照孔子、孟子的教导"诚意，正心""修身，齐家，治国，平天下"。皇帝却对朱熹说："你学问渊博，应该去深入研究。其他事情不要多说多道，这样才符合我的意思。"

朱熹在朝廷仅仅四十六天，就被免去职务。

创立理学

朱熹继承了孔子、孟子的儒学，在此基础上作了创新，建立了完整的理学体系。

朱熹认为，理生于天地万物之前，是天地万物的总体，是一切事物最高的规律、法则，也是人类社会道德、伦理的基础。理是完美无缺的，是一切行为的标准。

理是什么？理的核心就是孔子、孟子的儒学，就是仁、义、道、德。朱熹推崇理学，强调孔孟儒学是社会的统治

思想、核心思想。官府、社会，做人、做事，都要遵循孔子、孟子的教诲，都要符合理。

理，存在于人的身上，就是人性。朱熹说，人，有善恶、贤愚、贫富的不同，有私欲，应该"存天理"，消灭私欲，发展真、善、美。

朱熹主张读书要循序渐进，熟读精思；要抓紧时间，但不可急于求成。他重视自学，要求养成博学善思的好习惯，提倡持不同观点的人之间相互多交流，多讨论。

多才多艺的学者

朱熹不仅研究孔孟儒学，还是一位多才多艺的人。

朱熹对自然科学很感兴趣，中医中药、天文地理、历法，无不涉猎。他认真阅读了北宋时期沈括编著的《梦溪笔谈》，亲自设计了能观看天空中星座的大型天文仪器"假天仪"，研究了彩虹的形成。

冬天下雪，每个人都见过。古往今来，有多少人写过咏雪的诗歌、文章，数也数不清，但仔仔细细观看雪花的人却不多。发现雪花是六角形晶体结构的，是朱熹。在全世界，他是第一人。

朱熹非常喜爱《诗经》，还写了几十万字的《诗经集

智慧先哲

传》。在这部著作中，朱熹为生僻字注音，对事物、典故做出详细的注释、解说、探讨，并引申到道德修养、美学探讨的高度。这部著作既是对《诗经》的普及，也是很有见解的分析和论述，有非常高的学术价值。朱熹还写下《楚辞集注》，对屈原、宋玉等进行了深入研究，也有许多独到的见解。朱熹说，学诗必须从《诗经》《楚辞》开始。

朱熹是一位有成就的诗人，他的诗词构思精巧，清新生动，如《观书有感》：

半亩方塘一鉴开，天光云影共徘徊。

问渠哪得清如许，为有源头活水来。

这首诗写的既是天地间的美景，又是读书的体会，清新喜人，富含哲理。

此外，朱熹的诗词还很讲究遣词用语，他曾写下一首《菩萨蛮》：

晚红飞尽春寒浅，浅寒春尽飞红晚。尊酒绿阴繁，繁阴绿酒尊。　老仙诗句好，好句诗仙老。长恨送年芳，芳年送恨长。

这首词写得很巧妙，每两句的用词互相颠倒，八句共有四对，内容和谐、自然。这样的诗被称为"回文诗"，极为难写。

很多人不知道，朱熹还是一位书法家。他写的字既秀

丽，又透着浑厚，稳健而典雅。清朝乾隆皇帝珍藏的名帖《三希堂法帖》里面，有朱熹的两件书信，书写流畅秀美。

朱熹和爱国诗人陆游、辛弃疾有着深厚的友谊，他们都主张抵抗金兵，收复失地，关心国计民生。他们互相写诗唱和，问寒问暖。朱熹和辛弃疾同游武夷山时，写下"夙兴夜寐"赠给辛弃疾。浙江发生旱灾，朱熹奉命前去救灾。陆游给他寄来一首诗，亲切地提醒他要劝告富人把存粮赈济灾民，放宽税收。

朱熹一生重视教育，每到一处，都大声呼吁要办好书院。他亲手编写教科书，到多个书院讲学，和不同观点的学者交流和讨论，是公认的教育家。

朱熹回到家乡，已经六十五岁。他想安下心来著书立说，没想到，一场风暴却从天而降。有人捏造了朱熹的"十大罪状"，给朱熹扣上了"伪学魁首"的帽子，还有人提出了要"斩朱熹以绝伪学"。

朱熹此时已经重病缠身，脚痛得难以走路，眼睛几乎失明。面对铺天盖地的诬蔑，朱熹加紧时间著书立说，整理了几十年来的文章、论述，竭尽全力地修改、调整，力求完善。

1200年三月，朱熹病重去世，享年七十岁。去世的前一天，他还嘱咐学生要努力学习。近千人不顾官府的禁令，

智慧先哲

参加他的葬礼，纪念这位博学多才、正派耿直的学者，表达他们的敬意。

朱熹去世以后，他的学生整理、汇编他的文章著作，编成文集100卷，还有80卷与学生的交流问答，以及10卷别录，一共有1000多万字。内容丰富，篇幅浩繁。

后来，宋朝皇帝恢复了朱熹的名誉，追认他为学士、太师，在孔庙中给他树立了牌位。元、明、清各代，朱熹被广大读书人、统治者尊敬、膜拜，称为"朱子"。

如今，在福建武夷山、江西上饶、湖南长沙的岳麓书院，以及江西庐山的白鹿洞书院等地都有朱熹的纪念馆、纪念室。

【春秋】老子 【春秋】孔子 【战国】孟子 【战国】庄子
【战国】韩非子 【西汉】董仲舒 【南北朝】范缜 【南宋】朱熹
【明朝】王守仁 【明末清初】黄宗羲

/知识链接

朱熹的名言

读书无疑者须教有疑，有疑，却要无疑，到这里方是长进。

守正直而佩仁义。

读书有三到，谓心到，眼到，口到。

自敬，则人敬之；自慢，则人慢之。

少年易学老难成，一寸光阴不可轻。

读书之法，在循序而渐进，熟读而精思。

以其人之道，还治其人之身。

知与行常相须，如目无足不行，足无目不见。论先后，知为先；论轻重，行为重。

作品欣赏

训学斋规（节选）

　　凡读书，须整顿几案，令洁净端正，将书册齐整顿放，正身体，对书册，详缓看字，子细分明读之。须要读得字字响亮，不可误一字，不可少一字，不可多一字，不可倒一字，不可牵强暗记，只是要多诵数遍，自然上口，久远不忘。古人云，"读书百遍，其义自见"。谓读得熟，则不待解说，自晓其义也。余尝谓：读书有"三到"，谓心到、眼到、口到。心不在此，则眼不看仔细，心眼既不专一，却只漫浪诵读，决不能记，记亦不能久也。"三到"之中，心到最急。心既到矣，眼口岂不到乎？

王守仁

姓名 / 王守仁

字 / 伯安

史称 / 阳明先生

朝代（时期）/ 明朝

出生时间 / 公元 1472 年

逝世时间 / 公元 1529 年

主要成就 / 创立阳明心学，平定宁王叛乱

代表作品 /《传习录》

王守仁生活在明朝中期,是儒学的重要代表人物。他建立了"心学"的哲学体系,提出了"知行合一"的观点,主张"求良知",加强个人修养。王守仁还是一位军事家,善于使用灵活机动的战略战术,率军平定了宁王的叛乱。

壹 生于明朝,十岁能诗,
博览群书,志向高远。

贰 考中进士,入朝为官,
上书除弊,被贬龙场。

叁 龙场悟道,创立"心学",
冤狱平反,重返京城。

肆 平定江西,辞官返乡,
创建书院,专研心学。

伍 奉旨镇压起义,
得胜而归,病逝途中。

最重要的不是考进士

王守仁本名王云，据说，在他诞生之前，他的祖母梦见一个神仙抱着婴儿，从云中而来，因此，他的祖父为他取名为"云"，并为他居住的地方起名为"瑞云楼"，全家人都对他寄予了很高的期望。

然而，王云一天天长大，却迟迟不能开口说话。直到他五岁那年，家里来了一位高僧，在高僧的指点下，祖父为他改名为"守仁"，没想到在那之后，他真的能开口说话了。

王守仁聪慧过人，祖父和父亲读书的时候，他经常在一旁默默地听着，几乎可以做到过耳不忘，而且他年纪轻轻就显露出了写诗的天赋。

王守仁十岁的时候，父亲中了状元，要去翰林院做官，

智慧先哲

全家都要搬到国都北京。途经江苏镇江的金山寺时，父亲和朋友们遥望宽阔的长江，苦思冥想地作诗，王守仁却不假思索，脱口而出："金山一点大如拳，打破维扬水底天。"人们都惊叹不已。

有人指着月亮说："你再作一首。"王守仁随口念出："山近月远觉月小，便道此山大于月。若人有眼大如天，还见山小月更阔。"在座的人称赞说："十岁孩子的诗，竟然比我们这些三十岁的人写得还好！"

到了北京，王守仁继续在私塾读书。老师一天到晚督促他读书、背书。他问老师："什么是第一等重要的事？"

老师说："当然是读书考试，考进士，获取功名。"

王守仁摇摇头，说："最重要的不是读书考进士，应该是读书做圣贤之人。"

最初读书的几年，王守仁并不专心。他喜欢和孩子们一起玩打仗、布兵列阵的游戏。他自任将军，指挥同伴们东冲西杀。他迷恋象棋，经常因为下棋而忘记吃饭。父亲多次劝说无果，一气之下便把棋盘、棋子都扔到了河里。十三岁的王守仁非常伤心，作了一首诗：

象棋终日乐悠悠，苦被严亲一旦丢。

兵卒坠河皆不救，将军溺水一齐休。

马行千里随波去，象入三川逐浪游。

了不起的中国历史人物

智慧先哲

炮响一声天地震，忽然惊起卧龙愁。

父亲怒气冲冲，责问他："咱们家世世代代都是读书的，怎么出了你这么个孩子！"

王守仁问："读书有什么用？"

"读书，让你像爹爹一样，中状元！"

王守仁却说："爹爹中了状元，儿孙都是状元吗？"

"当然不是，还得自己读书。"

王守仁笑了："那多没意思，这样的状元我才不稀罕。"

父亲很生气。

其实，王守仁有自己的想法。他最崇拜的人是诸葛亮——率军讨伐，治国安邦，流芳千古。这才是他最敬佩的大英雄。下象棋的时候，他把自己比作诸葛亮，指挥着车马炮和小卒。诸葛亮可不是只知道死读书的人。

王守仁也非常敬佩于谦。在家乡，他听祖父、父亲多次讲过，三十多年前，凶悍的瓦剌大军包围北京，冲杀到德胜门前，形势非常危急。铁骨铮铮的于谦率兵苦战，杀得昏天黑地，血流成河，终于取得胜利，保卫了北京的安宁。这才是王守仁心目中敬仰的大丈夫！他经常念诵于谦的"粉骨碎身浑不怕，要留清白在人间"，还专程来到北京东单附近的于谦祠堂，恭恭敬敬地祭拜于谦，写下诗句：

赤手挽银河，公自大名垂宇宙。

青山埋忠骨，我来何处吊英贤。

十五岁时，王守仁来到北京北部的居庸关和八达岭。他爬上陡峭的山顶，拨开尖刺丛生的荆棘，细心观察着这里的地势。如果敌兵从这里出现，我应该怎样利用雄关长城，如何建工事布置防御，如何埋伏兵力，什么时候出击。如果敌兵绕道，我又应该怎样应对。他在山岭爬上爬下，走遍大道小路，不放过一个村落小庙，在这里考察了一个多月，了解了当地的民情，以及北方少数民族军队的情况。有人说，这哪里是个孩子，他想统率千军万马！

王守仁崇拜的英雄，还有西汉末年至东汉初年的伏波将军马援。马援征战一生，率领骑兵击破西北劲敌，指挥水军平定岭南，所向披靡，屡建奇功，开渠建城，功绩卓越。王守仁对他极其敬佩，曾在梦中拜谒汉朝伏波将军马援的庙。

苦思冥想求真知

报效国家，做大事，是少年王守仁的志向。读书学习，他逐渐变得专心致志。孔孟经书、史书、兵书，他都读得津津有味。

十七岁时，王守仁回到家乡，奉父母之命结婚。新娘

智慧先哲

是父亲好朋友的女儿，才貌双全。结婚那天晚上，家里人却找不着王守仁，谁也不知道他到哪里去了，上上下下乱成一团。天亮时，王守仁不慌不忙地回来了。原来他见到一位道士，听道士讲了长生之道，谈了人生哲理，就这样，两个人谈了整整一夜，王守仁早把家里的新娘子忘得干干净净了。

王守仁跟随舅舅读书时又迷上了书法。他每天研墨铺纸，临帖习字，把舅舅家里的几箱白纸都用光了，终于练出了一手好字。老年时，王守仁回忆说："我学习书法，临摹古帖，开始的时候只知道模仿字的形状。后来，拿起笔来，不轻易落在纸上，而是凝思静虑，反复琢磨，在心里构思笔画布局。时间久了，才真正懂得了书法。可见，用心最为重要。"王守仁的字，潇洒自如，如龙行凤舞，秀而不俗，韧而不拙。后来，王守仁的书法作品被乾隆皇帝收藏入《三希堂法帖》，直到今天，河北保定的莲池书院还立着王守仁的墨迹石碑。

王守仁认真读书，学习了孔子、孟子、朱熹，以及明朝大学问家程颐、程颢(hào)的著作，努力钻研学问。后来，他的性格发生了变化，变得沉静持重，再也不跑跑跳跳，每天坐得端端正正，说话慢条斯理，效仿古代的圣人。朋友笑话他故弄玄虚，他却郑重其事地说："我过去放纵，

【春秋】老子 【春秋】孔子 【战国】孟子 【战国】庄子 【战国】韩非子 【西汉】董仲舒 【南北朝】范缜 【南宋】朱熹 【明朝】王守仁 【明末清初】黄宗羲

不知道天高地厚，如今才知道那些是错的。"

宋代的名儒朱熹说"格物致知"，一草一木，都蕴含深奥的道理，认真观察才能求得真正的知识。王守仁决心亲自实践，开始从庭院里的一丛翠竹去发现哲理。他和一位姓钱的同伴一起，正襟危坐，盯着挺拔的竹竿，望着摇曳的竹叶，从下面看到上面，从左面看到右面。看完这一枝竹，再看下一枝竹，边看边想，为什么竹竿挺拔？为什么竹叶尖尖？为什么竹子枝叶翠绿？希望能深入了解，有所感悟。

两人从早晨看到中午，看到傍晚，看到星星满天，却不说一句话，只在心中苦思冥想，希望能领悟深刻的哲理。连着看了三天三夜，同伴支持不住了，头晕眼花，被人搀扶着回了家。王守仁继续坚持，用力睁大眼睛，盯着竹子。看到第七天，他也病倒了，瘫在竹丛前面。这七天，想出了什么？明白了什么道理？没有啊，什么都没有！越想越糊涂！他连连感叹，原来，不是人人都能当圣贤啊！格物，没有用！

靠着格物穷理成为圣贤，这条路走不通啊。王守仁只好回过头来，苦苦读书，求得科举考试的成功。他注重国家大事，特别是军事形势，同时博览群书，对佛教、道教的经典也潜心阅读。

智慧先哲

王守仁觉得自己书读得多，文章写得好，自我感觉不错，科举考试不在话下。但是，他连着参加了三次考试，全都没有考中。有人笑话他，他说："人们以没有考中为耻辱，我却以动摇退缩为耻辱。"

1499年，二十八岁的王守仁终于考中了进士，成绩是二甲第七，全国第十名。父亲、儿子都是进士，在家乡十分荣耀。

王守仁开始了仕途生涯。他先在工部任职，为镇守西北的大将军王越修建陵园墓地。民工很多，他从严管理，仿照军队，编制起来训练，组织施工，取得了很好的效果。

王守仁向皇帝明孝宗上书，痛斥官员擅权、受贿，要求皇帝痛下决心，革除弊端，却没有引起皇帝注意。

王守仁后来在刑部任职，官职不大，负责审理案件，曾到河北、江苏一带巡视。但不论他到哪里，都不忘拜访有学问的高僧、道长，请教如何修炼。

三十一岁的时候，王守仁回家乡养病。两年以后，新即位的明武宗把他召回，任命他为兵部主事，正六品官员。王守仁担任这个重要官职后，很想有一番作为。毕竟于谦当年也只是兵部侍郎嘛！

当时，明武宗生活荒唐，办事糊涂，太监刘瑾把持大权，飞扬跋扈，无恶不作。许多正直的官员都惨遭迫害。

王守仁给皇帝上书，为遭受迫害的官员鸣不平。刘瑾勃然大怒，把王守仁关进牢房，下令责打他四十大棍，并把他贬去贵州龙场作驿丞。

被贬龙场

王守仁被押解出京，两个负责押解的公差满脸横肉，粗声恶气，怎么看也不像是良善之辈。王守仁担心在几千里的路途中被他们杀害，决心逃跑。夜晚，一行人在钱塘江边等渡船的时候，他蹑手蹑脚溜出来，脱下鞋子放在沙滩上，把斗笠扔到水里，还在岸上留下一封绝命书。然后，他爬上一艘商船，央求船主带他逃走。

第二天，公差发现王守仁不见了，以为他投水自杀了，只好回京城报告。家里人接到消息，来到江边，哭天抢地。

王守仁乘的船遇到大风，在汹涌的波涛中竟一路颠簸到了福建。他躲进荒山中一所破败的小庙里，差一点被老虎吃掉。到哪里去呢？继续逃亡？不行，不仅自己难以活命，还会连累父亲和家人。他只好硬着头皮向官府自首，继续跋涉，到龙场去。

龙场在今天贵州省的修文县，古代是有名的夜郎国。这里崇山峻岭，虎狼出没，荒无人烟。驿站是路边的一处

车马小店，负责饲养驿马，保管铺盖被褥，接待来往送信的驿卒。明朝最小的官职是九品，驿丞连九品也不是，是个"未入流"的小吏，手下的随从只有一个人。

驿站没有房屋住，王守仁只能住在山洞，后来勉强盖起几间草房。没有菜蔬，王守仁就在山坡上挖野菜充饥，后来他清理乱石，开出一片荒地，种粮种菜，自己到河边挑水，自己支锅煮饭……这里的自然环境出奇的恶劣，无论冬夏，一个月竟然有十几天接连下雨，十多天阴云密布，只有两三天能看到太阳。方圆几十里，认识字的人极少，没有人可以倾心交谈，他感到很寂寞。从繁华的京城被贬到这荒山野岭，从朝廷高官变成小小的驿丞，王守仁满心悲凉愁苦，难道只能孤苦伶仃地混吃等死？

王守仁问自己，如果圣人来到这里，会怎么做？自己已经经历了九死一生，在这静静的山岭里，正好可以静下心来，不管什么荣辱得失，好好追求学问，探索哲理，绝不能消沉，不能自暴自弃。白天，他在菜地里锄草，在山坡上砍柴；夜里，他在心里默默背诵着孔子的教诲，温习着孟子的言谈。一天又一天，他苦思冥想，什么是真理？什么是人生的意义？他要修炼自己的内心，战胜险恶的环境，求得自身的解救。

有一天深夜，王守仁从梦中惊醒，大喊着："明白了！

明白了！"随从以为他疯了，他却说："我终于明白了！"他滔滔不绝地解释说，圣人的教导，天下的哲理，就在自己心里，不用向外求索，只需问自己的内心，心，就是道，就是理。

后来，王守仁创立了"心学"，建立了一整套思想体系。

贵州的官员同情王守仁的遭遇，偷偷前来拜访，对他的学识非常钦佩，让他在贵阳的书院讲学。王守仁讲孔孟之道，讲"心外无理，心外无物"，讲"求理于心"。许多读书人对他非常尊敬，王守仁的生活也有了改善。

四年之后，刘瑾被杀，许多冤狱得到平反，王守仁也重返北京，担任要职。除了公务之外，他到多处讲学，受到很多学者的推崇。他提出了一系列的主张，"存天理，去人欲""知行合一"，强调加强个人的修养。

想起龙场的荒山野岭，他感慨万千。这是苦难，也是难得的磨炼。他在龙场作了许多诗，记述自己的心情，"身在夜郎家万里，五云天北是神州"。

平定江西

1517年，王守仁四十五岁，江西福建一带爆发农民起义。农民军在山区修筑了坚固的城寨，占领了几十座县城。

智慧先哲

王守仁奉命前去镇压。他严格地训练地方武装，建成一支强悍的军队。同时，他在各县兴办学校，不断放出风声，说要专心办学，不会打仗，以此麻痹、瓦解农民军。他乘农民军放松警惕之际，突然出动军队，采用"攻心"战术，长驱直入，迅速镇压了农民起义。王守仁说："破山中贼易，破心中贼难。"

1520年，江西发生"宁王之乱"。宁王朱宸濠是明朝开国皇帝朱元璋的后代，他蓄谋已久，发动叛乱，率领叛军从南昌出发，计划攻占南京，占领东南半壁江山。六万多人的叛军乘着大批战船，来势汹汹，很快就攻占了九江，包围了安徽省会安庆，威胁到了南京。朝野一片哗然。

这时，王守仁正在江西，有人建议他立刻带军队赶往安庆解围。王守仁不同意，他说，赶到安庆，我们前后都是敌军，难以取胜。现在叛军的老巢南昌兵力空虚，我们一举攻城，就可以解安庆之围。然后在鄱阳湖迎战敌军，必定能取得胜利。

果然，王守仁攻下了南昌城，宁王率领全部兵力回救南昌。王守仁率军沿途伏击，主力在鄱阳湖迎敌，水军、陆军战斗非常激烈。宁王的舰船高大坚固，互相连接，军士剽悍凶猛，致使王守仁的军队伤亡众多。突然，王守仁想到了赤壁之战时周瑜和诸葛亮战胜曹操的办法，于是用

了不起的中国历史人物

智慧先哲

小船装满柴草，顺风纵火，冲向敌船。顷刻间，宁王的舰船烧起冲天大火，士兵纷纷跳水逃命。王守仁趁势率军活捉了宁王，歼灭了叛军，前后只用了三十五天就平息了一场大叛乱。王守仁被人们称为"大明军神"，却没有得到皇帝的封赏，和宁王暗中勾结的太监还造谣生事，说他想要造反。

王守仁推说自己有病，躲到安徽九华山的寺庙里，心情苦闷，每天与和尚讲经论道。后来皇帝口头答应给他升官，却不发给他任命的证书，不举行封赏的宴会，也不给他一文钱的俸禄。王守仁多次上书，请求皇帝赈济灾民，减轻租税，都没得到答复。

《传习录》

王守仁心情郁闷，辞去官职，回到家乡，创建书院，继续研究心学。他在家乡余姚、庐山的白鹿洞等各处讲学，声势浩大，很多读书人慕名前来，厅堂里都坐得满满的。

王守仁的弟子还将他的言谈、文章整理出来，编印了《传习录》等著作，广为流传。王守仁提出"良知"理论——发展每个人的良知，从自己的本性认识人生的价值，完善自己的道德，在生活中"知行合一"。

《传习录》是王守仁的重要著作，其中辑录了王守仁的谈话、讲学、书信等内容。全书共15篇，约10万字，集中反映了王守仁的"心学"，在中国哲学史上占有重要的地位。这本书前后多次重印，不断调整篇幅内容，其中大部分内容都经过了他本人的审阅。

王守仁认为，心就是理，心外无理，心外无物，"至善是心之本体"，要去除心中的"不正"，加强个人的修养。对于孔子、孟子等圣人的教诲，不能只当作知识，用嘴讲讲，用耳朵听听，而要真正悟解，在生活中实行。

王守仁主张"知行合一"，知是认识、道德，行是行动、作为。知是行的主意，行是知的功夫。不能只有道德，还要去实践。

王守仁指出，天下的人不论内外远近，都要有仁爱之心。有了私欲，就会把友爱变成仇恨。人应该懂得什么是善，什么是恶，应该做善事，去除丑恶。

奉旨镇压起义

1527年，广西爆发了少数民族起义。皇帝想起了王守仁，并封他做兵部尚书，总管广东广西、湖南湖北，前去镇压。王守仁趁机要求皇帝将任命书和俸禄都补发给他，

皇帝只好一一答应。

广西居住着瑶族、壮族等许多少数民族，明朝统治者对少数民族历来歧视，经常进行残酷的剥削。少数民族因此聚集在广西中部的大瑶山一带进行反抗、斗争，几万人的起义军占领了几百里土地，杀向多处县城，声势浩大。

王守仁带领军队进入广西，首先分化、瓦解了起义队伍，收买了少数民族的首领卢苏等人，许诺给他们封官晋爵。然后，王守仁对外宣布，说起义军首领已经投降，地方平静了。他将外省带来的军队全部调回原省，让当地的军队全部复员。当时正是春耕时节，王守仁鼓励人们回家春耕。他还要在多处乡镇开办学校，讲授圣贤之道，以此营造一片和平的假象。

农民起义军受到迷惑，放松了警惕。王守仁暗中准备，秘密调兵遣将，突然发兵，四面夹攻起义军的主要阵地大藤峡。起义军仓促应战，拼死抵抗，但在王守仁的优势兵力攻击下，连连败退。官兵在大瑶山一带进行了大范围的镇压，王守仁命令每一个山洞都要搜索，不得遗漏一处。最终王守仁取得了胜利。消息传到了京城，官员们恭维地说，过去调了几十万兵力都没有彻底取胜，王守仁真的了不起呀！

战事取得了胜利，王守仁的肺病却加重了。在回乡养

老的路上，王守仁拜谒了伏波将军马援的庙宇。他清楚地记得，整整四十年前，十六岁的自己在梦中拜谒的马援将军庙和今天见到的一模一样。那时是意气风发的少年，如今却是统率大军、战功卓著的将领，他少年时的心愿实现了！

归家途中，王守仁在福建南安病故，享年五十七岁。

王守仁是思想家、哲学家、军事家。他的论述有着广泛影响。他曾居住在家乡的阳明洞，因此，后世尊称他为"阳明先生"。

他的学生整理了他丰富的著作，编成《王文成公全书》共38卷，后来有《阳明全书》《王守仁全集》编印出版。他的重要著作《传习录》《大学问》等书被广泛流传，并被翻译成多国文字，传到日本、朝鲜、欧洲等地。

王守仁去世以后，历代皇帝和文人对他极为尊重，明穆宗说他"两肩正气，一代伟人"。明神宗时，王守仁的牌位进入孔庙，接受拜谒。清代学者王士祯称赞他是明朝"第一流人物，立德、立功、立言，皆居绝顶"。梁启超说他是"豪杰之士"。

余姚、绍兴、修文等地均建有王守仁纪念馆、纪念室，江西庐山等地有王守仁的碑刻，台湾台北有阳明山。国内也一直都有研究王守仁的学术活动。

知识链接

王守仁的名言

破山中贼易，破心中贼难。

夫万事万物之理不外于吾心。

种树者必培其根，种德者必养其心。

心即理也。心外无物，心外无事，心外无理。

无善无恶心之体，有善有恶意之动，知善知恶是良知，为善去恶是格物。

天地虽大，但有一念向善，心存良知，虽凡夫俗子，皆可为圣贤。

外心以求理，此知行之所以二也。求理于吾心，此圣门知行合一之教，吾子又何疑乎？

知是理之灵处，就其主宰处说便谓之心，就其禀赋处说便谓之性。

知是行的主意，行是知的功夫；知是行之始，行是知之成。

知之真切笃实处，即是行；行之明觉精察处，即是知：知行工夫本不可离。

黄宗羲

姓名 / 黄宗羲

字 / 太冲

号 / 南雷

史称 / 梨洲先生

朝代（时期）/ 明末清初

出生时间 / 公元 1610 年

逝世时间 / 公元 1695 年

主要成就 / 提出民主思想，进行思想启蒙

代表作品 /《明夷待访录》《明儒学案》

黄宗羲是一位伟大的思想启蒙者。他怒斥明朝的贪官污吏，曾率领义军抵抗清军，尖锐地指出皇帝专制统治是天下的大害，主张民主、法制，发展工商业、教育。他也是一位历史学家。他认真钻研自然科学，在天文历法、数学、地理等方面都有独到的贡献。

壹 生于明末，自幼嗜学，
尤其对小说、野史等感兴趣。

贰 出庭作证，怒斥奸臣，
大义凛然，为父平冤。

叁 组织义军反清，被列为首犯，
遭到通缉。

肆 远离政治斗争，隐居办学，
创作《明夷待访录》。

伍 重视历史，热心科学，
潜心学术，著作宏富。

怒斥奸臣

1610年9月24日，黄宗羲出生在浙江余姚的浦口村。这里山清水秀、风景如画，背靠优美的四明山，面临清清的溪水，土地肥美，物产丰饶，古往今来养育出了许多文人学者。

从少年起，黄宗羲就喜爱读书，认真钻研。父亲要求他认真学好八股文，准备参加科举考试，黄宗羲却对小说、野史、传说很感兴趣。他特别喜欢历史，年轻时下大功夫读历代史书，到处搜寻并收藏这类书，一有时间就拿出来读。夜里全家人都睡着了，他就轻轻起来，点起油灯，全神贯注地读起书来。母亲担心孩子会放松学业，不让他读这些"闲书"，开明的父亲却不以为然，说这样可以更好地开发他的智慧。

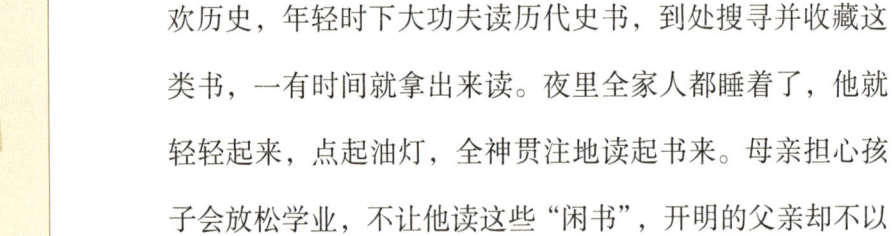

黄宗羲的父亲黄尊素是万历年间的进士，在朝廷担任监察御史，负责监督官员朝政。黄尊素为人正直，是东林党的著名成员。他看不惯丑恶的宦官魏忠贤之流，多次揭露他们的罪状恶行。权势熏天的魏忠贤等人给他捏造罪名，造谣陷害，将他关进暗无天日的东厂监狱。他受尽酷刑，

智慧先哲

惨死在狱中。

黄宗羲的爷爷写下"你能忘杀父之事吗?"几个大字,贴在家中。黄宗羲一抬头,就能看见。他发誓,要做像父亲那样的人,要为父亲报仇雪恨!

1628年,黄宗羲十八岁时,崇祯皇帝即位,魏忠贤等恶人被一网打尽,黄尊素等人的冤狱得到平反。刑部审讯作恶多端的奸臣时,黄宗羲出庭对证。他横眉怒目,取出铁锥猛刺奸臣许显纯,挥拳痛打奸臣崔应元,一把拔下崔应元的胡须,揭露他们的罪行。黄宗羲组织受害志士的子弟,要求追究凶犯,从严惩处,公祭死难的父辈。一个贪

〔春秋〕老子 〔春秋〕孔子 〔战国〕孟子 〔战国〕庄子
〔战国〕韩非子 〔西汉〕董仲舒 〔南北朝〕范缜 〔南宋〕朱熹
〔明朝〕王守仁 〔明末清初〕黄宗羲

官托人送来三千两白银,想封住他的嘴,不让他再继续追究下去。黄宗羲大义凛然,坚决拒绝了无耻的贪官,并对他厉声怒斥。他大智大勇的壮举传遍全国,人们称他"姚江黄孝子",崇祯皇帝赞扬他是"忠臣孤子"。

黄宗羲是一位活跃的人物。二十岁时,黄宗羲加入复社,这是江南青年知识分子组织的进步团体。他们常聚在一起畅谈天下大事,抨击腐败,建议改良,对明末的种种弊端深为忧虑。朋友们称赞黄宗羲博学多闻,学问精深。但是,黄宗羲接连几次参加科举考试,全都名落孙山。大学士周延儒对黄宗羲的学问很欣赏,希望他留在京城,推荐他担任中书舍人。这是个从七品的小官,没有实权。黄宗羲觉得不能施展自己的抱负,谢绝了。他说,国家无道,吃皇粮俸禄是耻辱。著名学者文震孟看到黄宗羲的考卷,赞叹不已,劝他"一时得失,不必计较"。

反清义士

1644年是天翻地覆的一年。李自成率领农民军攻入北京,崇祯皇帝在景山上吊自杀,明王朝土崩瓦解。手握重兵的吴三桂降清,引清兵入关,占领北京。李自成一路败退,清军迅速占领中原大片地区,沿途烧杀抢掠,天下

智慧先哲

大乱。

随后，福王朱由崧（sōng）在南京建立南明王朝，成为抗清的中心。当政的权臣争权夺利，贪图享乐，政治腐败，抓捕了大批复社成员，黄宗羲也被捕入狱。清军猛攻江南，南京陷落。清军实施残酷的大屠杀，富庶的江南变成一片焦土瓦砾。

这一年，黄宗羲三十四岁。他趁乱逃出，变卖全部家产，组织了六百余名青年，编成精锐的"世忠营"，投奔了抗清的鲁王朱以海。黄宗羲主张，乘清军立足未稳，主动出战，给予痛击，但鲁王不听。黄宗羲率兵多次袭击清军，在四明山区、舟山群岛英勇战斗。兵败之后，黄宗羲远渡重洋到日本，力图联络日本出兵反清，却遭到拒绝。最终，黄宗羲失望而归。

不久，鲁王势力被清军消灭，黄宗羲被列为首犯，遭到清军通缉、追捕。黄宗羲隐姓埋名，东躲西藏，逃到海滨，藏到山区。他的家人大多在战乱中遇难，家里的房屋全被烧毁。在连续多年的逃亡期间，他颠沛流离，生活极其艰苦。后来，他回忆说，没有一年不在到处躲避，没有一个地方不去躲藏。他的儿子、孙子均死于战乱，他自己也有数次濒临死难的边缘。

在如此艰苦的生活中，黄宗羲仍没有屈服，他在《山

居杂咏》(其六)中写道:

> 数间茅屋尽从容,一半书斋一半农。
>
> 左手犁锄三四件,右方翰墨百千通。
>
> 牛宫豕圈亲僮仆,药灶茶铛坐老翁。
>
> 十口萧然皆自得,年来经济不无功。

兵败隐居,深入钻研

一年年过去,各地的反清义军都失败了,清王朝的统治逐渐稳定。

黄宗羲脱离政治斗争,过上了隐居的生活。开始时,他独自居住,很少与人来往。十几年之后,他回到家乡,设馆讲学,不知不觉已经白发苍苍。

艰苦的磨难,没有使黄宗羲屈服,反而锤炼了他的意志。他开始思考:为什么那么多志士仁人英勇奋战,却回天无力?为什么繁华的大明王朝,突然之间土崩瓦解,灰飞烟灭?政治上的原因是什么?皇帝、大臣、地方官员,各有什么责任?经济、文化、教育、官员的管理,有什么弊病?军队的编制、训练,存在哪些弱点?怎样才能使国家强盛,百姓富裕?有什么办法去治理国家,改造社会?

江南的城镇乡村,有许多有名的诗书人家,"天一

阁""传是楼""绛云楼"的藏书十分丰富，并且极为珍贵，外人难以进入，但这些家族都非常欢迎黄宗羲，都愿意让他入府随意阅读。人们都钦佩黄宗羲，知道他是著名的学者，是有骨气的读书人，值得信任。

黄宗羲边读书，边抄录，边思考，还能帮藏书的主人编写目录，考证资料。离开的时候，他的马背上驮着大大小小的布袋，里面全是他抄录的资料。时间一长，他在家里建了一所"续抄堂"，藏书达七万卷之多，其中很多书都是他一笔一画抄出来的。

黄宗羲还曾到过山东、河南、安徽、江苏等地，对这些地方的历史、地理、物产、风土人性进行调研，搜集到了大量珍贵的资料，真正做到了读万卷书，行万里路，并在此基础上，创作出许多著作，其中最重要的是《明夷待访录》。

《明夷待访录》

《明夷待访录》是黄宗羲最重要的著作。这部书于1663年写成，这一年，黄宗羲已经五十三岁，明王朝已经灭亡近二十年。全书不到三万字，却凝结着他几十年的心血，集中了他对社会、政治的见解。这部书不但是他的政治宣

言,也是他的代表作。

《明夷待访录》全书共十章,总结了历代封建王朝灭亡的历史教训,提出了民主的新思想。对于官吏制度、教育、文化、税收、生产、军队编制,都有系统的分析和论述。

《明夷待访录》最突出的内容,是尖锐地批判封建皇帝的专制制度,激烈地抨击皇帝的专制制度是"家天下"。

黄宗羲大胆地指出,天下的百姓是主人,君王应该让天下得到利益,为天下人服务。"天下为主,君是客",皇帝颁布的法律是"一家之法",是"非法之法",应该用"天下之法"代替;要限制皇帝的权力,君王、臣民是平等的;应该建立有效率的内阁,管理国家,行使权力。

近两千年来,皇帝专制制度被说成天的意志,皇帝"受命于天",皇帝是天子,可以对民众百姓剥削、压迫、控制。黄宗羲的揭露和批判是人们不敢说也不敢想的,如同石破天惊,是思想的大解放,具有可贵的民主思想。黄宗羲是思想启蒙的先行者。

黄宗羲分析了经济情况,发现沉重的税收、社会的歧视是阻碍经济发展的主要原因。他提出"工商皆本",主张大力发展经济,提高工商业从业者的社会地位,反对征收重税。他还主张改革货币,废除金银,一律使用纸币,活跃市场。

智慧先哲

土地私有制度延续了几千年，仿佛是天经地义。黄宗羲却提出"天下为公"，主张所有土地一律收归国有，分配给农民使用。要丈量天下的田地，根据田地的质量划分等级，规定税收，减轻农民的负担。这是对封建制度的尖锐否定，是惊世骇俗的创新。

对明朝腐败的官吏制度，黄宗羲有切身感受，并深恶痛绝。他主张选拔官员，不能只有科举考试一条路，要放宽渠道，除科举以外，还可以推荐人才，可以破格任用杰出的人才，例如治理水利、制造兵器的专业人才。他提出，向朝廷上书、提出合理建议的人才，也可以任命为官员。

黄宗羲重视教育。他说，有名望的学者才能当教师，寺庙应改为学校。皇帝、官员每个月都要到学校视察，皇帝、官员也要像学生一样恭恭敬敬地听教师讲课。学校不仅要培养学生读书，还要研究、交流学问，议论、监督朝政。学校的师生要大胆评论社会的弊病，纠正官员的失误。

黄宗羲对国内政治、经济、文化进行深入的考察，在《明夷待访录》中提出系统的改革措施，大力倡导民主，批判皇帝专制，这些都是十分难能可贵的。

研究历史，总结教训

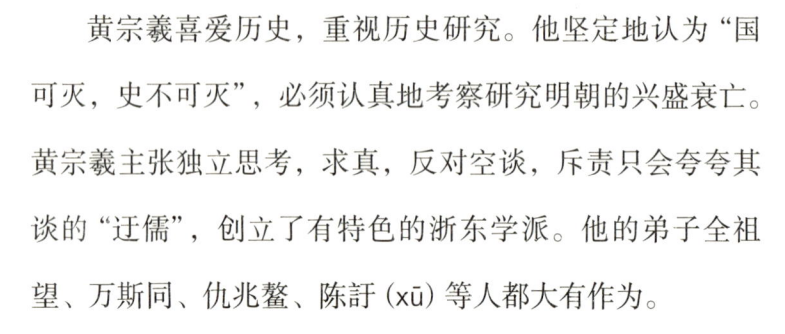

黄宗羲喜爱历史，重视历史研究。他坚定地认为"国可灭，史不可灭"，必须认真地考察研究明朝的兴盛衰亡。黄宗羲主张独立思考，求真，反对空谈，斥责只会夸夸其谈的"迂儒"，创立了有特色的浙东学派。他的弟子全祖望、万斯同、仇兆鳌、陈訏（xū）等人都大有作为。

1676年，六十六岁的黄宗羲编创出百万字的巨著《明儒学案》，这是中国历史上第一部断代学术思想史，它系统地总结了明代近三百年的学术发展历程，收录了重要学者两百余人，介绍了这些人物的生平事迹、学术观点、主要著作、学术传授，对不同的学派进行了全面而客观的分析。这部书引起了社会的高度重视和推崇，人们尊敬地说，黄宗羲是学术界一位成就非凡、影响深远的领袖。

黄宗羲很重视搜集、整理明代的历史资料。他编写了《明史案》242卷、《明文案》217卷、《明文海》480卷，文字量高达数百万字，广泛汇集了历史事件、历史人物、制度法令、山川地形、建置沿革，资料极为丰富。他十分注重历史资料的真实性，对搜集来的材料，多方考证，互相对比，力求去伪存真。

黄宗羲还对宋朝、元朝四百多年的学术发展进行了研

智慧先哲

究，力图写出一部篇幅浩繁的《宋元学案》。

这时，突然传来消息，康熙皇帝下令编写《明史》，邀请全国有名望的学者参加。黄宗羲是众所周知的大学问家，在推荐名单上位列前茅，浙江的地方官匆匆赶来，请黄宗羲进京。

谁都知道，灭亡明王朝，烧杀抢掠中原城镇乡村，屠杀中原百姓的正是清军。要写明朝的历史，明朝的大敌清政权怎么写？多年的战乱怎么写？死难的百姓怎么写？

黄宗羲不想为清朝政府歌功颂德，也不能言辞激烈地拒绝，于是自称年老多病，委婉地推辞了。

年轻时，黄宗羲率兵反清，是有名的"反清义士"，四十多年后，黄宗羲远离政治，专心教学，钻研学术，对清朝政权稳定社会秩序、发展生产的许多举措，始终保持着客观的态度，并没有全盘否定。

有些墨守成规的"遗老"，住在楼上，从不下楼到地面，说绝不能让自己的脚踏上清朝的土地。有的人至死也不承认清朝，写文章时继续使用明朝的纪年，尽管崇祯皇帝已经死了几十年，仍然写"崇祯××年"。黄宗羲却不声不响用起清朝的纪年，在文章中写到"康熙××年"。晚年时，黄宗羲说："天下之治乱，不在一姓之兴亡，而在万民之忧乐。"他对明朝的灭亡，清朝的兴起，从历史发展

的大局出发做出了评价。

黄宗羲是研究学问的专家，他专心学术，在文化领域做出了杰出的贡献。他一生勤勤恳恳，"年过八十，工作不休"。他一生著作颇多，大约有一百多部书，三百万字以上。他整理编纂的资料著作，篇幅更为惊人，大约一千多卷，一千多万字。这是他留给后世的宝贵财富。

热心自然科学

黄宗羲是个兴趣广泛的人。他说自己"无书不览"，对自然科学很感兴趣。他研究天文、历算、数学，和对古代历史的研究结合起来，发现在古代书籍中一些关于日食、月食的记载是错误的，为此他作出了《春秋日食历》，把春秋时期在中华大地上能见到的日食一一列出。有人怀疑，春秋时期已经过去两千多年了，还能算出准确的时间吗？可黄宗羲结合大量资料，做出了详细的说明。后来，科学家证实黄宗羲的推算是完全正确的。

黄宗羲对数学也有重要的贡献。他研究勾股定理，写出了《勾股图说》，还在北周数学家甄鸾(zhēn luán)的《数学记遗》中发现了一种计算工具：在木板上刻出浅槽，每个槽分为上、中、下三段，上段里放一粒算珠，下段里放

智慧先哲

四粒算珠，上段一粒珠相当于下段的五粒，可以用算珠进行演算。黄宗羲指出，这和算盘虽有不同，却是算盘最初的模样。过去很多人以为算盘是宋朝发明的，黄宗羲的研究把这段历史提前了至少五百年。

黄宗羲二十多岁的时候，见到欧洲传教士利玛窦、汤若望等人翻译的数学家欧几里得的《几何原本》和天文学、历法等著作。他非常感兴趣，于是和一些传教士有了交往，开始精心研究欧洲的数学和天文学，并先后写出七本著作，介绍西方的数学、历法知识。

黄宗羲吸取西方的科学知识，但他坚决反对西方的天主教。他斥责西方的天主上帝是邪说。他主张学习西方的科学成果，重振中国，发展中国的科学。

黄宗羲抓紧每时每刻，想在有生之年把《宋元学案》写出来，但只写到第十七卷就因病去世了，终年八十五岁。他的儿子、学生继承了他未竟的事业，把《宋元学案》共一百卷续写完毕。

黄宗羲和王夫之、顾炎武是同时代的人，有类似的抗清斗争经历、崇高的民族气节，晚年都专心于学术，贡献突出，且都是杰出的进步思想家，被尊称为"清初三大家"。

/知识链接

黄宗羲的名言

学校之盛衰,关系天下之盛衰也。

天下为主,君为客。

故我之出而仕也,为天下,非为君也;为万民,非为一姓也。

人生须自重。

学则智,不学则愚;学则治,不学则乱。

爱其子而不教,犹为不爱也;教而不以善,犹为不教也;有善言而不能行,虽善无益也。

大丈夫行事,论是非,不论利害;论顺逆,不论成败;论万世,不论一生。

自古圣贤盛德大业,未有不由学而成者也。

出而仕于君也,不以天下为事,则君之仆妾也;以天下为事,则君之师友也。

天下之治乱,不在一姓之兴亡,而在万民之忧乐。